読みなおす日本史

武蔵の武士団

その成立と故地を探る

安田元久

吉川弘文館

目　次

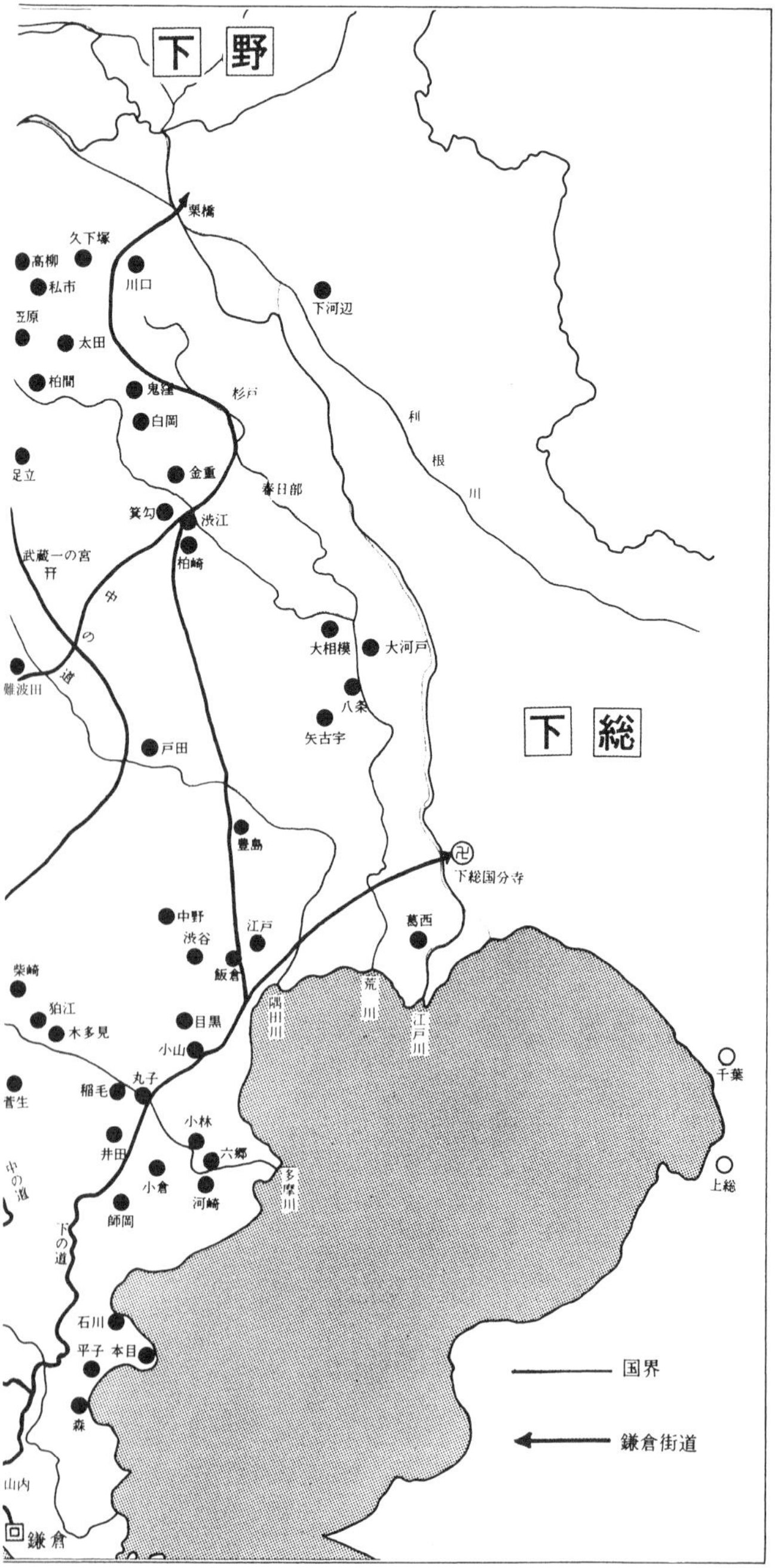

下野
栗橋
久下塚
高柳
川口
私市
下河辺
太田
柏間
鬼窪
杉戸
白岡
利根川
足立
金重
春日部
箕匂
渋江
武蔵一の宮
柏崎
中の道
大相模
大河戸
難波田
八条
矢古宇
下総
戸田
豊島
下総国分寺
中野
江戸
葛西
渋谷
飯倉
柴崎
狛江
隅田川
荒川
江戸川
木多見
目黒
小山
千葉
稲毛
丸子
菅生
小林
井田
六郷
多摩川
上総
小倉
河崎
師岡
下の道
石川
平子
本目
国界
森
鎌倉街道
山内
鎌倉

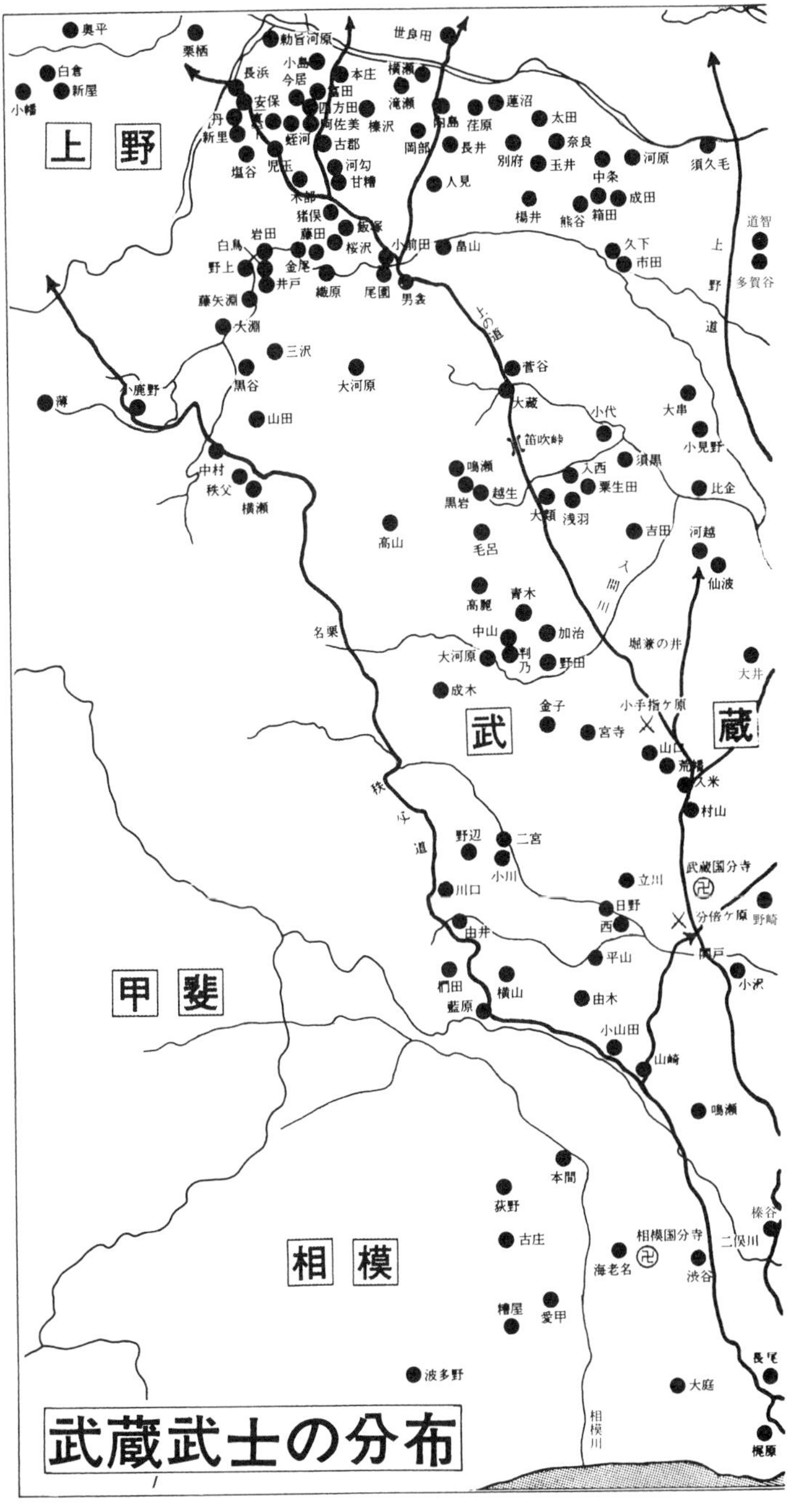
上野
甲斐
相模
武蔵
奥平
栗栖
勅旨河原
世良田
白倉
新屋
小幡
長浜
小島
今居
本庄
横瀬
安保
富田
四方田
滝瀬
蓮沼
丹
新里
阿佐美
榛沢
阿島
荘原
太田
蛭河
古郡
岡部
長井
奈良
塩谷
児玉
河勾
別府
玉井
河原
須久毛
甘糟
人見
中条
木部
猪俣
成田
楊井
熊谷
箱田
藤田
飯塚
白鳥
岩田
桜沢
小前田
畠山
久下
道智
野上
金尾
市田
上野道
井戸
織原
尾園
男衾
多賀谷
藤矢瀬
大淵
上の道
三沢
菅谷
黒谷
大河原
薄
小鹿野
大蔵
小代
大串
山田
笛吹峠
小見野
中村
鳴瀬
入西
須黒
秩父
横瀬
黒岩
越生
粟生田
比企
大類
浅羽
高山
吉田
河越
毛呂
入間川
仙波
高麗
青木
中山
加治
名栗
堀兼の井
大河原
判乃
野田
大井
成木
金子
小手指ケ原
宮寺
山口
荒幡
久米
村山
秩父道
野辺
二宮
小川
立川
武蔵国分寺
川口
日野
野崎
西
分倍ケ原
由井
関戸
平山
小沢
椚田
横山
由木
藍原
小山田
山崎
鳴瀬
本間
荻野
榛谷
古庄
相模国分寺
二俣川
海老名
渋谷
糟屋
愛甲
長尾
波多野
大庭
相模川
梶原

武蔵武士の分布

一　鎌倉幕府成立と武蔵武士

1　武蔵国——坂東諸国の要衝——

武蔵国の地理的環境

源頼朝が鎌倉に武家政権を創立するとき、武蔵武士の動向が、その成否を決定する大きな鍵となったことは、すでに周知のところである。鎌倉幕府は治承四年（一一八〇）の頼朝挙兵以後ほぼ十年ほどの間に、その支配体制の基礎をかため、政権の基礎となる東国の在地武士たちを、「鎌倉殿」（頼朝）の御家人として統制組織することに成功したのであるが、その東国の有力武士の中核となったのは、相模及び武蔵の武士たちであった。治承・文治の内乱期、いわゆる源平合戦の時期に、頼朝の統率下で活躍した武蔵武士団の数は少なくない。彼等を中核とした東国勢が平氏軍を圧倒し、平氏一門の族滅を導いたといっても過言ではなかろう。彼等、武蔵武士たちは、武家政治の草創期という歴史上の一時期において、たしかに大きな役割を果たしたのである。

そうした中世初期における武蔵武士の動向や存在形態、さらには武蔵武士団の形成の経緯などを考えるに際し、まず重要なことは彼等が成長した土壌としての武蔵地方の地理的自然条件、また武蔵国の行政的・地理的位置とそこに生まれた歴史的・伝統的性格についての特徴を知ることであろう。

　そこでまず武蔵国の地形的特色を見るに、現在の埼玉県・東京都及び神奈川県の一部を含む地域にまたがる武蔵国は西方に高峻な山地があり、東南方に大きく平地が開けるという景観をもつ。しかも西から東へと、幾重にもなだらかな丘陵の稜線が伸び、その間に多くの河川流域を作っている。中世武士の成立の一般的形態については、山地から平野へと移る山根地帯における谷戸田《やとだ》（谷地田）経営にはじまり、そこからやがて平野部への開墾をすすめていった在地領主（農場経営主）が、その経営を基盤に武力をたくわえ、次第に武士団的発展をとげるとするのが、通説である。この中世武士の一般的存在形態を考えれば、武蔵国のこのような地形的特色、すなわち重畳する丘陵とその間の多くの小河川流域の存在は、各処に一応隔絶された狭小地域を作り出したので、武士団成立期における小武士団の独立維持を容易にしたに相違ない。そして、その同じ地形的特色は、武士団を大きく統合する上での困難さにもつながったと考えられる。

　また東南部に大きく開ける平地は、関東平野の中心部をなす広漠たる原野で、十一、二世紀の頃は、まだあまり開発は進んでいなかったが、土地は肥沃であり、将来の農耕地としては無限の可能性を秘め、またとくに馬の放牧には最も適していた。このような地形は武士たちが騎馬弓射の技をみがく上で、最もよい条件を備えたばかりか、彼等の勇健闊達な性情を養う上での天与の舞台となった。

ただし、その広漠たる平野といっても、現在の関東平野の状況を、そのまま当時のものと考えることはできない。いわゆる山根地帯、すなわち山地から平地に連なる部分、今にして見ればむしろ台地に属する地域が、当時の農耕地であり、また開発可能の原野であったのである。関東平野における耕作地の現況は、ほとんど江戸時代以降に形成されたものであることに注意しなければならない。当時は、平野部のかなりの比率を占める大河川の流域はほとんど湿地帯であり、その湿地帯の周辺は開墾・灌漑の土木技術が未熟であったため、大部分が開発不可能な荒蕪地であった。

在地武士たちの農業経営地における水利の役を果たしたところの、山根地帯の中小河流は、この武蔵国では大体三つの大河川に集まり、その水はいずれも現在の東京湾に流入した。この国の北部地域の水は利根川に、中部地域の水は荒川に、そして南部地域の河川流は多摩川に集まるのである。

利根川は武蔵と北隣の上野との国境を東流し、下野・常陸と接するあたりから南流して、当時の葛飾郡を流れて東京湾に注ぐ関東一の大河である。利根川が現在の流域を形成して太平洋へ流出するという姿をとるのは、江戸時代の河流改修の結果であり、それ以前は現在の江戸川筋が利根川の本流であった。現在の江戸川の流れも、中世の姿ではないことはもちろんで、いま古利根川として残っている流れや中川の一部などが、利根川の本流であったとも考えられる。いずれにしても長年の間の河流の変化は、これを精確には捉えがたい。そして、この利根川の下流は太井《ふとい》（太日）川と呼ばれていた。

荒川はその源を秩父山地に発し、一旦は北東に流れたのち、熊谷付近から東南に向きをかえ、武蔵国を縦貫して東京湾に注ぐ。その下流が隅田（墨田）川である。この隅田川と上述の太井川とが、十二世紀末頃の武蔵国と下総国との境をなしていた。『吾妻鏡』の治承四年（一一八〇）十月二日の条には、源頼朝が房総地方の武士たちを糾合したのち、下総から武蔵に赴くとき、「太井・隅田両河を済《わた》る」と記されている。おそらく頼朝の軍勢は下総の国府（現在の国府台《こうのだい》地域）の付近からこの二つの大河を渡り、橋場（台東区）に至り、さらに西北に途をとって三河島（荒川区荒川）付近に深く湾入していた浅い入江を渡り（長井ノ渡）、王子から滝野川・板橋を経由して西に向かい、武蔵国府（現在の府中市）に至ったものと推定されている。

ただし、頼朝が渡った二大河流について、利根川は太井川でなく、荒川と合して隅田川となり、その利根川の東に独立して、渡良瀬川から今の江戸川筋を流れたのが太井川であったとの説もある。いずれが正しいかは確定しがたい。

なおこの時代には、現在の東京の江東区・墨田区、及び江戸川区の南半部は、いまだ海中にあり、その沿岸は海水に侵された湿地帯や砂州がひろがっていた。このあたりの地理的景観は、今日とは大いに異なっていたのである。

次に多摩川は、武蔵国南部、すなわち現在の東京都の全域を北西から東南へと貫流、川崎付近で海に注ぐ。その流れは、部分的には若干の変化があるが、流れとしては現在もほぼ中世の姿を残しているようである。

武蔵国の自然地理的環境は以上のようであるが、次にこの国の行政的な面での存在情況を考察しよう。

武蔵国の行政的位置

武蔵国の大部分は、台地及び平野を含めて武蔵野と呼ばれる地域であるが、歴史的な行政区域としては、上にも述べたように、現在の埼玉県・東京都の全域と川崎市及び横浜市の大部分を含み、関東一の大国であった。古く大化元年（六四五）に五畿七道・国郡の制が定められたとき、はじめて二十一郡からなる武蔵国が設けられて、その国府は多摩郡に置かれた。このときには武蔵国は東山道に属したのであるが、弥生文化・古墳文化の時代には武蔵地方の文化が上野地方のそれと同系統のものであったと考えられる点からすれば、この行政区画上の措置も、当然のことであった。

しかし、奈良時代に入って、行政区画の変更が行われた。すなわち『続日本紀』の宝亀二年（七七一）十月己卯条によれば、このとき武蔵国を東山道より東海道に配置換えしたのである。元来の東海道は伊賀国・伊勢国（ともに現在の三重県）より相模国（神奈川県）に至り、三浦半島から海を渡って安房・上総・下総（以上千葉県）・常陸（茨城県）の諸国へと、それぞれの国府を結ぶ道であった。また行政区画としても、この東海諸国を太平洋沿いに連ねた地域（例外として甲斐国〈山梨県〉を含む）を東海道諸国としたものであった。

ところが、宝亀二年より以前、すでに相模国伊《い》参《さま》駅（現在の座間市）から武蔵国荏原郡大井駅（現在の品川区大井町）を経て豊島郡豊島駅（現在の千代田区丸の内付近？）に至り、さらに下総国葛飾郡へと通ずる道が開けていて、武蔵国は「山道に属すと雖も、兼ねて海道を承く」という状態にあった。そこでこの配置換えが行われたのである。

この結果、東海道に改変された武蔵国に至る道

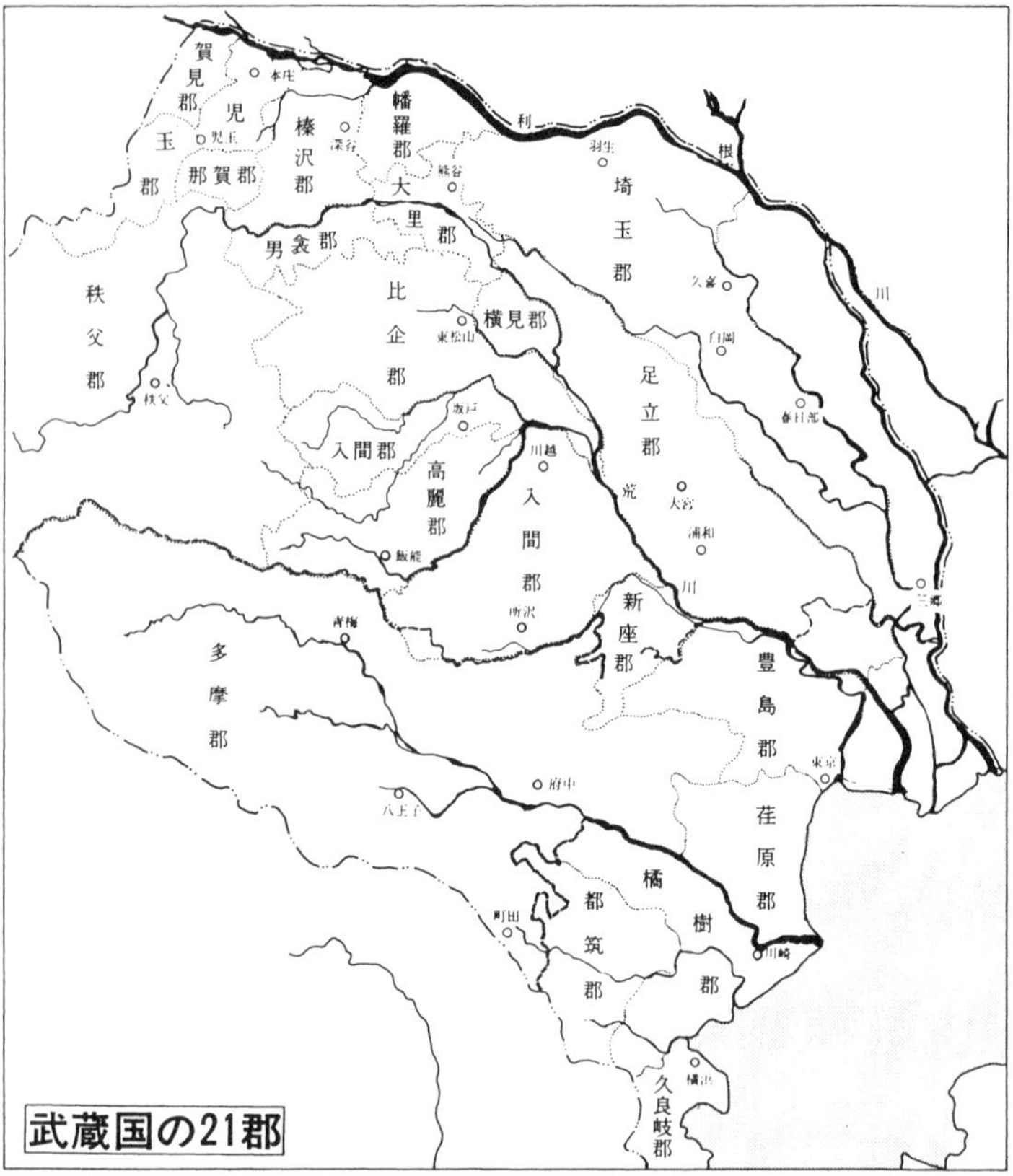

武蔵国の21郡

は、相模国で分岐する、いわば東海道の支線となったわけであるが、実際には右に述べたような相模から武蔵を経て下総に達する道が開かれていたため、やがて海路を用いないこの経路が支線から本線へと変化する運命を持っていた。そして『延喜式』の時代（十世紀）には明らかに武蔵国が東海道の主線上におかれ、安房・上総両国が傍路の位置に追いやられたのである。

武蔵国のこのような東山・東海両属の性格が、十一世紀前後における武士団成立の状況とか在地武士相互の政治的・経済的諸関係に、何らかの影響を与えたであろうことは当然考えられよう。

また関東地域の中心に位置する大国として、南には相模国、西南に甲斐国、北に上野国、東に下総国とそれぞれ境を接し、さらに西の高峻な山地ではわずかながら信濃との国境線をもち、また東北部には下野・常陸との短い国境線がある。このように四周に隣接する七ヵ国をもつという国は稀である。全国的な行政区画、諸国支配機構の上から見ての武蔵国の位置には、種々の政治的複雑性が含まれていたであろうことも想像される。

武蔵武士団の勢力関係や武蔵国の軍事的位置については次節に詳述するが、この国が源頼朝の武家政治草創に際して、きわめて重要な位置を占めていたことは確かである。伊豆に挙兵して、父祖の地鎌倉に本拠を定めんと意図した頼朝が、武蔵武士の動向を、如何なる視角から捉えていたかは、この国の地理的・政治的位置を考えるだけで、かなり鮮明となる。

鎌倉は上述した東海道の安房コースと武蔵コースの分岐点を抑える位置にあるところの、軍事上の要地であったが、この鎌倉から西へ向かって軍を動かす場合に、武蔵国は直接にその背後の防禦のための武力を配さねばならない地域である。また同時に東海道方面から東山道へと勢力圏を拡大しようとするとき、戦略の上からは最も重要な前進拠点となるべき国であった。

頼朝が石橋山に敗れたのち、安房に赴いて房総地域の勢力地盤をかためながら、武蔵武士団の動向に強い関心を示したのは当然のことであった。武蔵武士団の帰属の如何は、頼朝の草創の業の成否に決定的な影響を及ぼすものであったのである。頼朝がその帰属ないし協力を確かめながら、また最悪の場合にはそのための合戦をも決意して武蔵国に入り、結果的には武蔵国の最有力の武士団であった秩父一族の帰属を得て、無事に鎌倉に入った経緯も、このような武蔵国の軍事的・政治的位置を考慮してこそ、正しい歴史的評価をなし得るものと思う。

2　武士団の発生と勢力関係

初期の開発領主――箕田氏と村岡氏――

十世紀から十一世紀にかけて、関東地方には多くの豪族的領主が成長してきた。彼等の多くは、国司として地方に赴任した中央の中流貴族の血脈をもち、また旧来の郡司層や富豪農民層に系譜をひく人々である。彼等はしきりに土地を開発して、その経営地を広め、また一般農民の耕作地をその経営内に取り込んだり、灌漑水利を掌中に収めたりして、農村に対する支配を拡大していった。その支配には、国衙権力との結びつきに基づく合法的側面もあったが、一面ではきわめて恣意的な、力に基づく非合法性をも有していた。

こうした地方豪族たちは、その経営と支配とを維持するための実力を保つ必要から、やがて自ら武装し、また家人郎従を集めて武力を養った。いわゆる武士の発生である。

武士として成長した現地の領主たち、すなわち開発領主と呼ばれるものには、その経営・支配の規模において種々の格差があったけれども、その武力を保持する点では同質で、中には五、六百騎の従者を率いて、武を競うといった存在も少なくなかった。彼等は、はじめ「兵《つわもの》」と呼ばれて、関東の山野に武威をとどろかしていた。十世紀前半に起こった承平天慶《しょうへいてんぎょう》の乱の主役、平将門はそうした兵の代表的な存在である。兵たちは、時としては中央政府が派遣した国司に反抗し、いわゆる地方政治の紊《ぶん》乱《らん》を招く原動力ともなり、また時には国司に協力し、あるいは中央政府から押領使に任命されたりして、それぞれの地域での治安警察の任に当たる存在でもあった。

このような兵の世界に活躍した人々については、『今昔物語』『古今著聞集』あるいは『古事談』などの説話集に、僅かながらその名と行動のあとが見られるのみで、確実な史料はほとんど残らない。後世になって成立した諸氏の系図の中には、若干この十世紀頃の兵＝武士にかかわる記事が見えるが、そのほとんどは伝説に基づくもので、必ずしも信憑性は高くない。

しかし、武蔵国についてのみいえば、この時代の人物として、半ば伝説的な部分を含みながらも、ほぼ実在の兵であったと考えられるものがある。その一人は箕田源次宛《あつる》であり、また一人は村岡五郎良文《よしぶみ》であって、この両者が互いに武を競い合い、ついに勝敗が決しなかったという説話が、『今昔物語』に残っている。

箕田源次宛は嵯峨源氏の流れとされ、弓馬の術にすぐれ、郎従数百騎を養ったと伝えられるところの名だたる兵であった。彼の父源仕《つかう》は左大臣源融《とおる》（嵯峨天皇の皇子）の孫で、武蔵守となって下向し、足立郡箕田《みた》郷を開発して本拠地とし、箕田氏を名乗った。この箕田郷は現在の鴻巣市西北部の箕田である。源次宛は、仕のあとをつぎ、北足立郡一帯に勢威をはったが、その子孫からは摂津の渡辺党、肥前松浦党が知られるのみで、武蔵国からはこの系統の有力武士団は育っていない。

村岡五郎良文は桓武平氏、桓武天皇の曾孫高望王の五男で武蔵守となり、大里郡村岡の地を拓いて本拠地としたと伝えられる。村岡とは現在の熊谷市を中心とする荒川北岸の地域一帯の総称であったといわれ、いまも熊谷市南部地区にその地名が残っている。

この良文もまた大土地経営の豪族として、常に数百騎の郎従を率い、武勇の名を関東一帯にとどろかせたが、そのあとをついだのが平忠頼であり、将門追討に功績をあげ、武蔵押領使・陸奥守に任ぜられたと伝える。そして忠頼の第二子が房総地方に勢力をひろめ、ついに大規模な叛乱を起こした平忠常であるが、長子の将常は武蔵国に土着し、また武蔵権守を称し、その子孫は十二世紀における武蔵国で最大の同族的武士団たる秩父一族を形成した。また忠常の子孫で武蔵に残存したものからは、野与党・村山党と呼ばれる同族武士団が成立したとされている。

私がここで平忠頼の子孫と十二世紀における武蔵の同族的武士との関係について、必ずしも確定的な表現をとらないのは、その関係を示すものがすべて『平氏系図』『武蔵七党系図』その他の系図類のみであり、いずれも後世の作で、伝承に基づくものと推定するからに他ならない。しかし、他に史料もなく、系図も全面的に否定すべきものでもないので、ここでは肯定的に推定しておくという態度をとらねばならないと思う。

それはともあれ、十世紀における兵の世界から、次に彼等が次第に在地領主として成長し、やがて同族的武士団としての規模を拡大し、また互いに独立を保って競合するといった状況を現出するのは、十一世紀後半から十二世紀にかけてのことである。この時代における武蔵武士団の存在状況は如何なるものであったか。

秩父一族の発展

十二世紀に入ると、武蔵国の武士団に関する信憑性の高い史料も散見するようになる。例えば、源師時の日記『長秋記』によると、天永四年（一一一三）三月、武蔵国で「横山党廿余人」が内記太郎という人物を殺害するという事件が起こり、朝廷では常陸・相模・上野・上総・下総の各国司に命じて、これを追討させている。関東八ヵ国の中心を占める武蔵国の政治的・行政的な位置関係も見逃せないが、五ヵ国の国司に追討を命じたということは、横山党の武力やその行動の規模の大きさを示すものといえよう。

また十二世紀の半ば頃、河内源氏（祖は忠常追討を果たした源頼信）の嫡流源義朝が相模国の鎌倉を本拠地として、さかんに相模や下総などの在地武士団の再組織に努めていた。同じ頃、義朝の次弟義《よし》賢《かた》は上野国多胡郡に居住して勢力の拡大をはかっていた。そして、この両者の勢力拡大への動きが、ついに武蔵国を舞台にして衝突し、比企郡大蔵館の合戦となる。すなわち、久寿二年（一一五五）八月に義朝の長子悪源太義平が義賢とその協力者たる秩父二郎重隆を討ち取った事件である。この事件についての史料は少なく、僅かに『吾妻鏡』『尊卑分脈』及び『平安物語』に見えるのみであるが、ここに秩父重隆の名があらわれることに注意したい。『長門本平家物語』には、「彼ノ義賢、去仁平三年（一一五三）夏ノ比、上野国多胡郡ニ居住シタリケルガ、秩父次郎大夫重隆ガ養君ニ成テ、武蔵国比企郡ニ通ヒケル程ニ、当国ニモ限ラズ、隣国マデモ随ケリ」と述べており、ついで久寿二年八月十六日に、義平のために義賢・重隆がともに討たれた記事がある。この時代に武士団の統合がすすみつつあったことは確かで、そのことを前提としてこの記事を考えると、秩父重隆は源氏の義賢がもつ「貴種性」を重視し、彼を利用して武蔵の在地武士を大きく統合しようとしていたこと、そして重隆・義賢は比企郡を中心に武蔵一国へと勢威を拡大しつつあったものと断じ得る。しかしこの合戦における重隆の敗死によって、秩父氏の勢力も源義朝の勢力の前に崩れ去ったのである。

ここで、この重隆と関連して、十一世紀から十二世紀半ば頃までの秩父一族の発展のあとをたどって見よう。

先にも述べたように、秩父氏は村岡五郎平良文の孫将常にはじまる。将常は武蔵権守となり秩父郡中村郷（のち大宮郷といい、現在の秩父市）に本拠を置き、秩父盆地一帯を開いて秩父氏を称したと伝

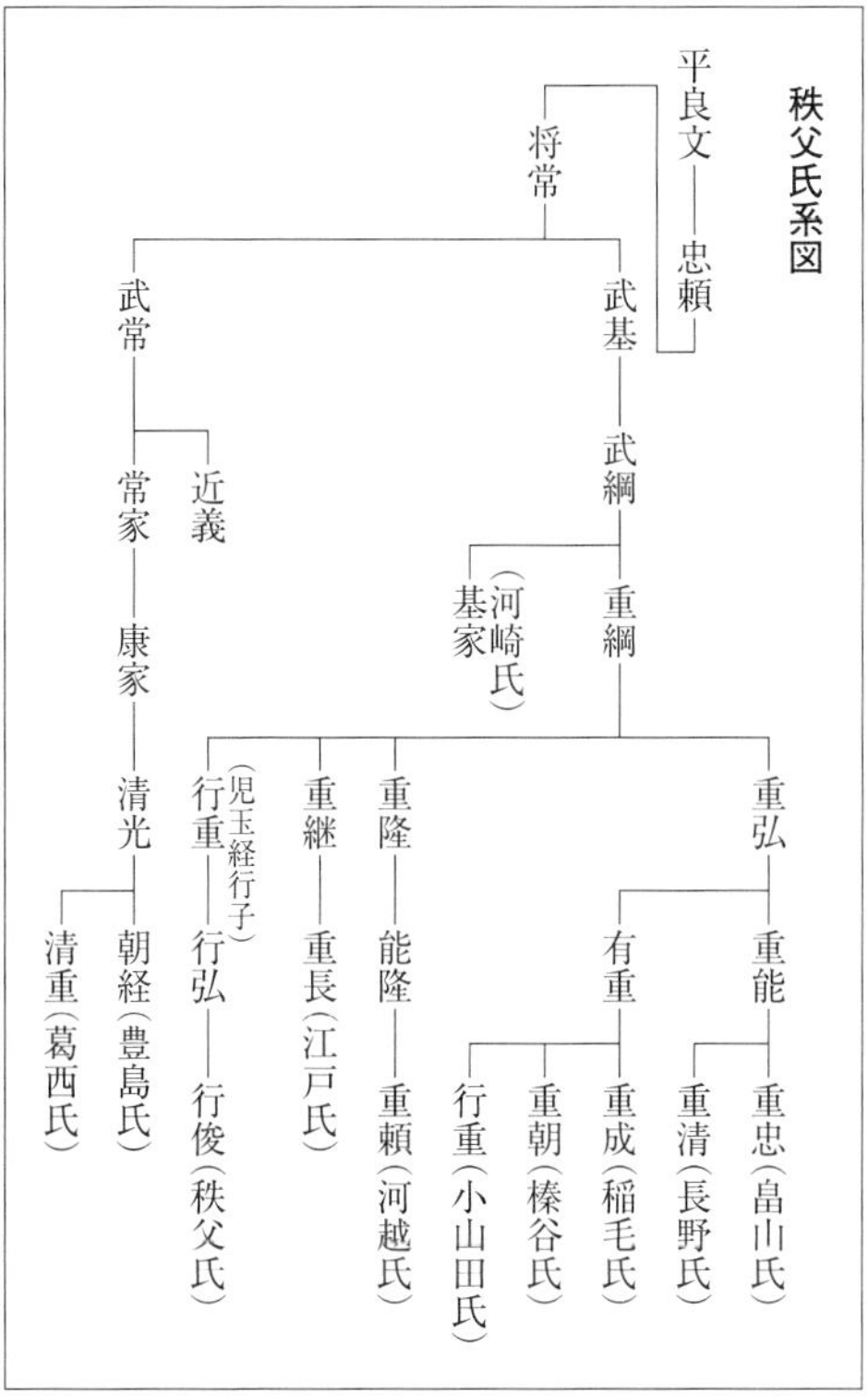

えられる。将常の子武基は秩父牧（現在の秩父盆地北部、吉田町一帯）の別当となり、その子武綱は秩父十郎と称し、前九年・後三年の役で義家に従い武功をあげたという。おそらくは、秩父地方を地盤とする在地武士団を組織していたものと思われる。この時代には関東一帯でも多くの荘園が成立し、在地武士たちが荘

司となってその荘園の実際上の経営権を掌握し、そこからの収益を主たる経済源とする場合が多かったのであるが、秩父氏の秩父地方では、秩父牧の名が残るのみで、正式に荘園の呼称は生まれなかった。

これに対し、武基の弟武常は豊島郡・葛飾郡（下総国）に進出して、豊島・葛西両氏の祖となっている。「豊島系図」その他にみえる伝承によると、後三年の役で東征する途中、源義家は武常の子豊島近義の館に宿泊したという。またこの近義の弟常家は、系図によると葛西を名乗っている。おそらく、この兄弟の時代に豊島・葛西両氏が豊島郡・葛飾郡の要地に居すわり、一応の独立的武士団として自力を培養し、また当時「天下第一の武勇の士」といわれた武家の棟梁、源義家に臣従して、その保身をはかったものと推定される。こうして豊島・葛西氏による地域支配の樹立は、おそらく十一世紀末から十二世紀初頭にかけてのことと思われる。

これと同様に、秩父一族で、しかもその本拠地から離れて一つの地域支配権を作ったものに、荏原郡内の要地、江戸庄（現在の千代田区から台東区にかけての一帯）を根拠地とし、またそこに居館を定めた江戸氏がある。これは先に述べた秩父十郎武綱の子重綱の第四子重継に始まるので、だいたい十二世紀はじめ頃に江戸氏を名乗り、独立して地域支配を樹立し、武士団を組織したものと想像される。

なお、重綱の第一子重弘の長子重能は畠山氏の祖となり、次子有重は小山田を称した。また重綱の第二子が先述の比企郡を中心に国内に勢威をはり、ついに源義平に討たれた秩父次郎大夫重隆で、河越氏の祖となる人物である。

これら秩父一族は、一応の族的結合を維持しながらも、大体十二世紀はじめ頃にはそれぞれの家が武蔵国の各地に独立的地域支配を実現しはじめていたものと思われ、この国では最も強大な同族的武士団となっていた。その秩父一族の動向については次章に詳述したい。

中小武士団の展開

武蔵国にはこの秩父一族よりは規模の小さい同族的武士団が多く成立していた。上述の平忠常に系譜をひく野与党・村山党などはその例であるが、当時、党と呼ばれるのは一族の中の家家が一応の独立をとげながら、武力組織＝武士団としてはなお一族間で団結し、同族的結合を維持していた中小規模の武士団をさす。十二世紀の武蔵国には、こうした党的結合を保持した中小武士団が多く存在していたのである。彼等は武蔵国の各地に展開して、党的結合を保ちつつ、それぞれに独立した武力を維持していた。こうした中小武士団が、各地に独立を保ち、他の隣接の国々の場合と比較したとき、大きく武士団統合が進んでいなかったのが十二世紀後半の武蔵武士団の特徴といえるが、その最大の理由は、初めに述べたこの国の地理的環境にこれを求めることができる。

武蔵における典型的な党的武士団を、俗に「武蔵七党」と呼ぶ。この七党の数え方には諸説があり一定しないが、上述の野与・村山二党のほか、横山・猪俣・児玉・丹・西の五党を加えて七党とするのが最も一般的であろう。しかし、このほかに有名なものに私市党《きさい》・綴党《つづき》などがあり、これらを含める数え方もある。これら諸党のそれぞれを構成する諸氏やその主要分布地域については、第四章に詳述するので、ここでは触れないが、これら諸党の武士たちが、十二世紀中期にはすでに有力な武士団を構成して戦場に活躍していたことは、史料的にもほぼ実証し得るのである。

十二世紀半ばに起こった保元の乱に際して、源義朝がそれまで東国、ことに南関東において培った武力を動員して戦っていることを、この乱を題材とした戦記文学『保元物語』が明瞭に示している。すなわち義朝の武力を構成した在地武士としては、上総国の介八郎広常、下総国の千葉介常胤、安房国の安西・金余・沼・丸の諸氏、そして相模国の大庭景義・景親兄弟、山内首藤俊通・俊綱父子、海老名季貞・秦野延景・荻野忠義ら、それぞれ数人の名が見られるのに対し、武蔵国では豊島・河越・秩父の人々や、斎藤別当実盛・熊谷直実、あるいは横山・猪俣・村山・児玉の諸党の人々を含めて、三十名近くの武士の名があらわれる。これらの中には、例えば横山党に属する成田・箱田・別府・奈良・河上・玉井の諸氏のように、一族一党に属する人々の名が並記されている場合もある。しかし、それぞれの武士の名が義朝麾下《きか》のものとして明記されているのは、彼等の武士たちが一つの党として把握されたのではなく、それぞれが一応の独立を保って、直接的に義朝との主従関係を結んでいたために、こうした記載方法がとられ、戦記物語の文面にあらわれたものと見るべきであろう。

かの大蔵館の合戦は保元の乱の僅か一年前のことであるが、源義賢と秩父重隆を討滅した効果は、早くも保元の乱に際しての源義朝の武力構成の上にあらわれたのである。武蔵一国に勢威をはった秩父重隆を打倒することにより、義朝は多くの武蔵武士をその配下に組織することに成功したのである。秩父一族を始め、いわゆる武蔵七党に属する在地武士の多くが、義朝の武力構成員となっている。この時点で、武蔵国が源氏の嫡流の地位にあった源義朝の重要な勢力地盤となっていたことは言うまでもない。

しかし、平治元年（一一五九）十二月に起こった平治の乱における義朝の敗死により、源氏はほとんどその命脈を絶った。十一世紀後半の頼義・義家以来、源家の当主を棟梁とあおいで「源家譜代の家人」となっていた坂東武士、また源義朝によって一つの大武士団として組織されるに至った東国の武士団は、その頼るべき棟梁を失った。武蔵国の武士たちもその例外ではない。新しい情勢のもとで、彼等武蔵国の在地武士たちは、その在地支配を保つためにも、新しい政治権力者であり、また唯一の「武家棟梁」となった平清盛の支配下に立ち、これに臣従する途をとらざるを得ない。武蔵武士の多くは平氏の家人となり、また平氏の指揮下で京都大番役を勤仕するという立場に置かれたのであった。

3　頼朝挙兵と武蔵武士

石橋山の合戦

源頼朝が治承四年（一一八〇）八月、伊豆に挙兵したとき、『吾妻鏡』の記事によれば、その武力の根幹は、北条時政以下の伊豆国の在地武士たちと、土肥実平以下の相模国、とくにその西南部地域に本拠地をもつ武士たちであった。相模国三浦郡（三浦半島）一帯を勢力圏とする三浦一族も頼朝挙兵に呼応したものの、緒戦の山木攻めには加わっていない。おそらくは、伊豆から相模に入り、鎌倉を目指さんとする頼朝を迎え、これを無事に収容する計画であったと思われる。

ところが、十七日に伊豆目代山木兼隆を討って意気のあがる頼朝が、二十日に早くも伊豆・相模の武士たちのみを率いて伊豆国を出て相模国土肥郷に赴いたところ、前途を大庭景親に率いられた平氏軍にさえぎられ、また背後からは同じ平氏方の伊東祐親に追撃され、ここに石橋山合戦が起こる。無勢の頼朝軍は、三浦武士団の来援を期待したが、折からの豪雨にさまたげられて三浦一族が戦場に到着できない間に、敗れて四散してしまった。二十三日から二十四日にかけてのことである。一旦、箱根山中に逃れた頼朝は、二十八日相模国真鶴崎から安房国にのがれ、再起を期した。また三浦一族の軍勢は石橋山の敗戦を知り、二十四日には急ぎ本領への帰途についたのである。

大庭景親は、保元・平治の両乱では源義朝に属して戦った源家譜代の家人であったが、この時点では平家の重恩をうけた立場から、平氏による頼朝討伐軍を率いることとなったのである。その平氏軍の中には梶原景時・河村義秀など平家被官となっていた相模武士が多数加わっていたが、武蔵の熊谷二郎直実の名も見え、また渋谷庄司重国は相模国高座郡渋谷庄を本領とするものの、系譜的には秩父武綱の第二子基家につながる秩父一族であった。

ここで、頼朝挙兵に際しての武蔵武士の対応を見ると、まず秩父氏一族の武士たちの去就は二つに分かれた。豊島清光とその長子朝経、次子葛西清重らは、はやくから頼朝と接近していたらしく、頼朝挙兵に際してはとくにおもて立った動きを見せず、満を持していたが、やがて頼朝の武蔵入国に際しては顕著な働きを示した。これに対し、秩父一族の惣領的地位にあった畠山・河越・江戸の諸氏は、はじめ明らかに反頼朝の行動を取っている。当時、秩父一族の惣領的立場にあったのは河越重頼といわれるが、一族の長老として実力を有したのは、秩父重弘の長子畠山重能とその弟の小山田有重であった。しかし、この両人とも頼朝挙兵のときには大番役としてであろうか京都に赴いていた。したがって武蔵国における一族の軍事行動の中枢を握っていたのは、重能の子、畠山重忠であったと思われる。そして彼は実際に、直ちに大庭景親に応じて軍事行動を起こした。

軍勢を率いて武蔵国を発し、石橋山の戦場に向かった重忠は、二十四日に、たまたま本拠地へ引返して行く途中の三浦一族と出合い、鎌倉由比ヶ浜において激戦をまじえた。双方に多くの死傷者を出したが勝敗を決することができず、重忠軍は一旦退き、三浦一族はそのまま進んで衣笠城に入った。ついで二十六日、畠山重忠は三浦一族の衣笠城を襲撃することを決意し、「武蔵の秩父一族の人々を相具して来たり加勢すべき」ことを河越重頼に申し遣わした。このとき江戸重長も、宗家たる河越・畠山の催しに加わり、三浦一族の本拠の衣笠城に進撃した。強勢な武蔵武士の攻撃により、二十七日、城は陥落して三浦義明は討たれ、嫡子義澄以下、一族の多くは城をのがれて海を渡り、安房国に到り、ここで頼朝や北条時政・土肥実平らと合流するのである。

この時期の、他の武蔵武士団の動向は、必ずしも明らかではない。衣笠城攻撃の秩父武士団に協力し、これに加わったものも当然存在したであろう。

しかし、一方では横山党のごとく、はじめから頼朝側に立ったと見られる武士団もある。渡辺世祐・八代国治共著の古典的文献たる『武蔵武士』によると、「横山時広・時兼父子は石橋山合戦以来頼朝に仕えて、最も忠勤を抽ず」（同書七六頁）とされ、また横山党中条氏の祖義勝房法橋成尋《じょうじん》は、「石橋山合戦に頼朝の為めに奮闘したる勇士」である（同書八〇頁）という。時広・時兼については、如何なる史料または伝承に基づくかは不明であり、例えば『吾妻鏡』による限りでは、横山時広の初出は文治五年（一一八九）七月十九日条の頼朝の奥州進発に関する記事であり、時兼については同年九月六日条が初出記事となる。しかし成尋については、『吾妻鏡』治承四年八月二十日条に、頼朝が土肥郷に赴いたときに扈従《こじゅう》した人々の中に、その名を見出すことができる。したがって中条氏の祖成尋は、挙兵のはじめから頼朝に加わったものと断定したい。また横山党の嫡家たる横山氏にしても、三浦一門の和田義盛と姻戚関係（義盛の妻が時広の妹）にあったことから推して、石橋山合戦に参加したか否かは別として、もともと頼朝側に通じていたものと思う。

このほか、武蔵武士の多くは頼朝挙兵直後には、それぞれの政治的思惑もあり、二、三の例外は別として、いまだ旗幟を鮮明にしていなかったのが実情ではなかろうか。

安房から武蔵へ

しかし、安房国に上陸してより約一ヵ月の間に、上総・下総両国の武士を組織し得た頼朝が、九月の末に下総の国府から武蔵国に入らんとする勢いを見せた時点で、情況は大きく変化する。『吾妻鏡』によれば、このとき頼朝に従った軍勢はすでに二万七千余騎に達していた。

頼朝はこうした大軍の威力を示しながら、下総・武蔵国境の太井・隅田を渡るに先立って、まず武蔵国の武士たちに参向すべく呼びかけた。その際に、豊島清光・葛西清重はすでに頼朝側に通じていたが、頼朝の進路の前面に立ちはだかり、頼朝の武蔵入国をはばむ姿勢を持している江戸重長への対応が、最大の難事であった。頼朝は江戸重長に書状を遣わし、これを懐柔しようとした。書状には、「畠山重忠・小山田有重が京都に上っていて不在の今は、汝こそが武蔵一国の武士の棟梁である。自分は専ら汝の武力をたのみとしているのであるから、付近の武士たちを催し従えて、予め参向してほしい」との主旨が述べられていた。しかし、この懐柔策は成功せず、重長はあくまでも大庭景親に与同する立場をとって、翌日になっても参向しなかった。そこで頼朝はついに意を決して江戸重長を追討することとし、一族の葛西清重に江戸重長を誘殺させることを命ずるとともに、一戦を覚悟の上で、精兵三万ほどを従え、上総広常・千葉常胤らの用意した舟によって太井・隅田の両河を渡り、武蔵国に進入した。

このとき、豊島清光・葛西清重がまっ先に出迎えたことは言うまでもないが、あらかじめ参加を促されていた北足立郡の足立遠元もここに馳せ参じている。強い抵抗を示していた江戸重長は、一族の清重の説得が効を奏したのか、あるいは頼朝軍の勢いの盛んな様子を見て心を変えたのか、十月四日になって、頼朝が長井ノ渡に到ったとき、一族の畠山重忠・河越重頼らとともに参向した。頼朝の軍勢の中には、この秩父一族を仇敵とする三浦一党がいる。そこで頼朝は、天下草創の目的のためには、この武蔵国の「有勢の輩」を味方につける必要を強調し、「忠直を存する者は、更に憤を貽《のこ》すべからず」と諭し、三浦一族の寛容と同意とを求めた上で、この有力な秩父武士団の参陣を認めた。

ついで翌五日、頼朝は武蔵の国府に入り、平氏の知行国であった武蔵国の事実上の占拠を示すため、国務の代行を江戸重長に命じた。『吾妻鏡』には、このとき重長に「武蔵国諸雑事等、在庁官人ならびに諸郡司等に仰せて、沙汰致さしむ可し」と命令したと記されている。ここで江戸重長に与えられたのは国務遂行の権限であって、後に北条泰時が武蔵守になったとき、嘉禄二年（一二二六）に河越重員（重頼の子）が任ぜられたところの、武蔵国留守所総検校職《るすどころそうけんぎょうしき》の先行形態となる職務であった。

そして翌六日、頼朝はついに相模国鎌倉に入ったが、その先陣をつとめたのは畠山重忠であった。また八日には、足立遠元が召に応じて早速に参向したことを嘉賞し、足立氏の本領たる北足立郡諸郷の支配についての承認を与えている。頼朝が、武蔵武士の代表的存在であった秩父一族をいかに重要視し、これを優遇したかを示すものであろう。

こうして、武蔵国の最大最強の武士団を構成した秩父一族の態度が明らかになると、武蔵七党をはじめとする中小武士団の動向はおのずから定まる。武蔵の在地武士はほとんど例外なく頼朝の下に集まり、かつての源義朝時代における主従関係の有無にかかわりなく、頼朝の御家人となった。

治承四年（一一八〇）十月の富士川の対陣にはじまり、以後数年にわたる平氏追滅の戦いが続くが、その間のいずれの合戦においても、武蔵武士の活躍は顕著であった。これらの合戦の経緯については、『平家物語』『源平盛衰記』などの戦記文学の作品に詳しく述べられ、中には歴史事実としての真偽について疑わしい点もあるが、そこには武蔵武士の名が随処にあらわれる。また、この十月以後の『吾妻鏡』の記事を追っても、おびただしい数の武蔵武士が登場する。

例えば元暦元年（一一八四）二月の一ノ谷合戦では、かつて石橋山合戦で頼朝追討軍に加わっていた熊谷次郎直実が、平山武者所季重（西党）とともに一ノ谷西城戸《にしのきど》の一番乗りを果たしている。またこのとき、源範頼に従った軍勢の中には、畠山重忠をはじめ、稲毛重成・榛谷重朝兄弟（小山田有重の子）や秩父四郎行綱らの秩父一族、あるいは中条家長（成尋の子、横山党）・庄三郎忠家（児玉党）・庄太郎家長（児玉党）・小代八郎行平（児玉党）・安保次郎実光（丹党）・河原太郎高直（私市党）らがあり、源義経の麾下には、熊谷・平山のほかに、猪俣平六則（範）綱（猪俣党）・岡部六弥太忠澄（猪俣党）・大河戸広行などの武蔵武士が参加している。また、その他の戦場においても、彼等武蔵武士が奮戦した例はきわめて多い。頼朝の天下創業を支えた力の過半は、武蔵武士によって占められたとするのは、決して過言でない。

なお、この一ノ谷合戦の後、元暦元年（一一八四）六月、武蔵国は頼朝の知行国となり、彼は源氏一門の平賀義信を武蔵守に任じ、国務に当たらせた。その義信の国務すなわち武蔵国における政治は、もっとも頼朝の意にかない、のち建久六年（一一九五）七月十六日に、「武蔵の国務の事、義信朝臣の成敗、尤も民庶の雅意に叶う」として義信を賞揚している。

こうして、頼朝の知行国となった武蔵国では、義信ののち、その子朝雅が武蔵守となったが、それ以後は北条氏に国務が掌握される。そして、この国には守護は置かれない。鎌倉幕府にとって、武蔵国はきわめて重要な国であり、そのために特別の扱いをうけた国であったのである。

二　秩父武士団の人々

1　畠山重忠とその一族

畠山氏の成立と発展

鎌倉幕府の創立に至る一連の合戦に大きな功績をあげ、鎌倉将軍の有力な御家人の一人となった畠山重忠は、剛勇廉直の典型的鎌倉武士として、称讃された人物である。

この重忠は、前章に述べたごとく、平姓秩父氏の嫡流を継承する畠山庄司重能の二男として長寛二年（一一六四）に生まれた。母は相模の豪族三浦介義明の女《むすめ》で、その生誕地は男衾郡畠山郷（現在の埼玉県大里郡川本町畠山）の地であったといわれる。伝承によれば、この地に畠山館があり、この付近一帯が畠山庄であった。この地域は、秩父盆地の北端から山峡を流れ出た荒川が、東に向かって流れを変えたあたり、荒川の南岸に当たる。関東平野がひらけるところの、いわゆる山根地帯で、現在でも比較的水田の少ない畠地帯であるが、秩父氏の一流が、その本貫地たる秩父地方からこの地域に進出して開発した土地が、畠山庄となったのであろう。

なお、後に述べる河越氏にしても、また江戸氏にしても、秩父一族（小山田氏の系統は例外）の家々は概して荒川流域、とくにその右岸に順次に発展して開発をすすめ、本拠地を置くという傾向があることにも注意したい。

　ところで、重忠の父重能は畠山庄司と称して、はじめて畠山を名乗り、したがって重忠は畠山の庄司次郎と呼ばれていた。現在の川本町畠山が重能の本領畠山庄であったことは、ほぼ疑いのないところで、現在この地には、重忠が再興したといわれる白田山満福寺があり、その近くに畠山館跡と伝えられる地域が公園として保存され、そこには重忠父子とその従者のものといわれる五輪塔六基が残る。さらにその付近にある井椋神社は重能の祖父重綱が勧請したものと伝えられている。

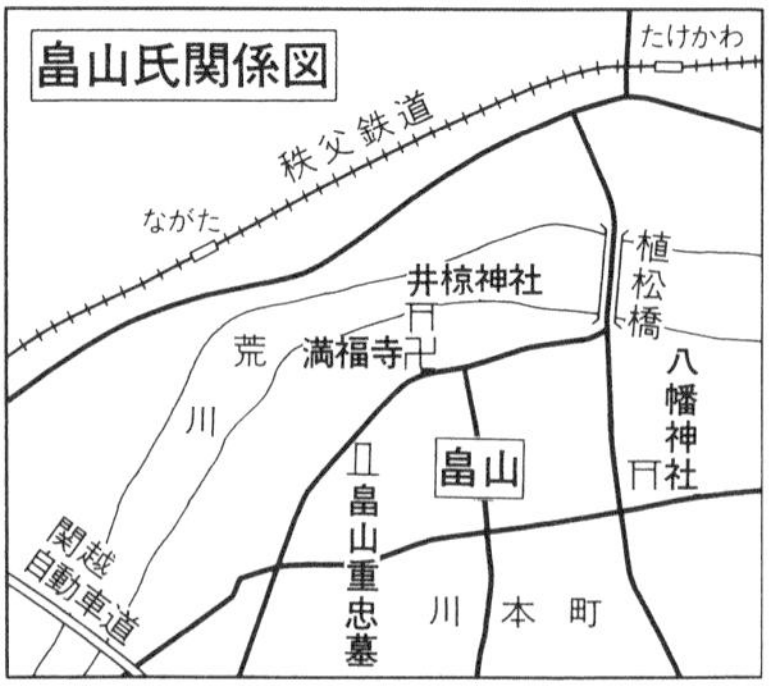

畠山氏関係図

　これらの伝承のすべてを、そのまま信ずることもできないが、重能が畠山庄司を名乗るからには、この地域の開発の時期を一、二代さかのぼらせて考えることは可能であるし、また井椋神社の勧請が重綱によるというのが事実ならば、この地を開発したのは、秩父重綱、あるいはその子重弘の時代であったかも知れない。重弘の弟の秩父重隆が源義賢を擁して活躍し、大いに勢威をはったのも、この時代であり、その十二世紀前半は秩父一族の発展がとくに顕著であった時期である。畠山庄の開発を、重能以前とする推定はけっして無理ではない。そして、このように考えれば、右に述べた六基の五輪塔も、あるいは重能とその父祖あたりの供養塔であったかもしれない。

こうした推測は以上でとどめるが、畠山重能の居館がこの地にあったであろうことだけは確かである。また秩父氏は秩父権守重綱以来、代々武蔵国の総検校職をつとめたというから、秩父氏の嫡流として家督をついだ重能もこの職を伝領したであろう。もっともこの点については異説もあり、彼の時代に秩父の家督は河越重頼がついで総検校職となり、重能は庶流になったというのである。真否は決定しがたいが、いずれにしても秩父氏が武蔵国衙の在庁官人の一人として勢威をもったことは確かである。

また『吾妻鏡』によると、頼朝が下総国から武蔵国に進出しようとして、江戸重長を誘引するとき、「畠山重能・小山田有重兄弟が折ふし京都にあったので、今は重長が武蔵国の棟梁である」といっている。この記事を信じるならば、実際には重能が武蔵国の棟梁であったこととなる。

まだ重能の妻が三浦義明の女であったばかりでなく、重能の姉妹の一人が千葉常胤に嫁している。重態はこうした関東の豪族的武士と姻戚関係でつながっていて、重能が彼等と肩を並べるほどの勢力をもっていたものとも考えられるのである。

こうした重能であったが、治承四年（一一八〇）八月の源頼朝挙兵の際には、たまたま弟の小山田有重とともに上洛していた。『平家物語』によれば、彼等はその年の七月に京都の大番役を勤仕するために上洛したという。そして重能不在のときに、頼朝の挙兵があり、関東の風雲は急を告げ、関東武士たちがその去就をめぐって、例外なく動揺せざるを得ないという難局が現出した。そのため、僅か十七歳の嫡子畠山重忠が一族の将来を双肩に担って行動を起こさざるを得ない立場に置かれた。そしてこの数ヵ月間の重忠の動向は、すでに第一章に述べた通りである。

畠山重能の立場

それでは、この内乱勃発の頃、本拠地を離れ、京都で平氏の統制下に置かれていた重能は、如何なる行動をとったか。それを考えるためには、時代を少しさかのぼらなければならない。

重能が武士として活躍しはじめるのは、重忠との年齢差から推定しても、保元・平治の乱の前後からのことと思う。『保元物語』には重能が源頼朝に頼みにされたという記事があり、また『源平盛衰記』には重能が悪源太義平に従って大蔵館の合戦に参加し、源義賢を討ったが、そのときに義賢の子で二歳になる木曾義仲を助けたという話がある。もしこれが事実ならば、彼は同族の秩父重隆と敵対したことになる。しかし『保元物語』といい『源平盛衰記』といい、鎌倉時代以降に成立した戦記文学であるから、これらの話の信憑性は確定することができない。ただし、これまでの秩父氏の動向を考え、これらの説話を見るとき、重能が源氏一門に従っていたことは誤りない事実と思う。それ故、おそらく保元・平治の乱では、源義朝の軍勢に加わっていたに相違ない。

しかし、平治の乱で義朝が敗死し、以後、平氏の全盛の時代が現出すると、他の多くの東国武士＝源家譜代の家人たちと同様に平氏に仕えるようになった。畠山重忠が三浦の衣笠城を攻めたことについて、『吾妻鏡』には、「平氏の重恩に報いんがために、三浦を攻めた」とある。重能・重忠ら畠山氏が平氏に仕え、その「御恩」をうけてきた事実をうかがうことができる。

こうした関係で、治承四年（一一八〇）八月には大番役のため上京していた重能であるから、当然のこととして平家への奉公を続けねばならなかったはずである。『平家物語』には、重能が平家のために「召籠められた」とあるが、これはのちに重能・有重が宇都宮朝綱とともに東国に帰ったという事実を前提として書かれたものであって、その時点すなわち頼朝挙兵を知ったときの重能は、果たして「召籠められた」のか、自ら平氏への奉公を希望したのか、いずれとも決め難い。

このような状況下であるから、重忠の動きも自ら定まる。大庭景親が平氏方の総大将として相模の武士を糾合し、また武蔵の武士たちにも出動を促し、大軍をもって謀叛人頼朝の討滅に立ち上がっているのである。畠山重忠が兎にも角にも、「平氏の重恩」に報いる行動をとるのは当然のことであった。『源平盛衰記』には、三浦を攻撃する重忠に、「自分は三浦一族に特別の遺恨をもつわけではないが、父の重能、叔父の有重が平氏に奉公して、京都にいるので、この際に頼朝に与党する三浦一族に、矢一つ射掛けないで見逃したならば、平家への聞えもいかがかと思う」といわせている。重忠が、このように「平家への聞え」を考えたのか、さらに純粋に「平家の重恩」に報いんとしたのか、実相はわからない。しかし、その後間もなく頼朝に従属したことから考えると、『源平盛衰記』に述べるあたりが事実に近いのではなかろうか。この「一応は平氏の命に従う」という立場は、この当時の東国武士の多くに共通するものであったのである。

それはともあれ、再び眼を京都の重能に転じよう。重能はおそらく平氏への忠節心を保っていたのではなかろうか。そのように考える根拠の一つとして、平治の乱以後の武蔵国と平氏との関係がある。武蔵国はこの乱の翌年二月から平氏の知行国となり、それより仁安二年（一一六七）十二月までの八年間は平知盛が武蔵守となっている。武蔵は関東諸国の中で特に平氏と密接な関係をもったのである。その武蔵の総検校職を相伝した秩父一族の、重能は嫡流でもある。またここで国の棟梁の実力をもつには、当然のこととして平氏の後楯も必要であろう。そうした重能が、平氏の膝下の京都にいたのであるから、平氏の命運を考えて去就を定めるなどの余裕はなかったと見るべきであろう。

北陸道を制圧した木曾義仲追討のため、平氏の大軍が進発したとき、重能・有重兄弟もこれに加わっていた。『平家物語』によれば、彼等は加賀国篠原の合戦で、木曾方の今井四郎兼平の軍勢と激しく戦い、三百騎が討たれ、残るところ僅かに百騎となるほどの損害をうけたという。この数字に誇張はあるにせよ、重能らが率いた秩父武士団は、平氏軍の中にあって、かなり有力な軍勢であったようである。

こうして、平家方で戦った重能・有重兄弟であったが、やがて平家の都落ちのときに、知盛の口添えで宇都宮朝綱とともに身の暇《いとま》をたまわる。寿永二年（一一八三）六月のことであった。『平家物語（延慶本）』によると、西海までも供をしたいという重能に対し、平宗盛は、「志は誠に神妙也、さわあれども汝等が子とも多く源氏に付て東国にあり、心はひとへに東国へこそ通らめ、ぬけがら計《ばかり》具ては何かはせむ、とくとくかへれ」と言い放っている。

そこで重能らは、「廿余年の好《よし》みなれば名残りはをしく思けれども、各悦《おのおの》の涙をおさえて」都にとどまったという。たしかに重能・有重兄弟は、二十余年の主従の好みを断ち難かったのであろう。

なお、この身の暇をたまわった経緯について、『吾妻鏡』（文治元年七月七日条）では、平貞能の口ききで、この三人を助けたことになっている。そしてこの三人は身を全うして頼朝の下に参ったとある。しかし、これ以後、重能のことは『吾妻鏡』にも全く見えず、その動向はわからない。おそらく平家側に密着していた重能を、頼朝が重用しなかったのであろう。また重能は家督を重忠に譲って、自身は鎌倉御家人として仕えなかったものとも考えられる。

鎌倉御家人、畠山重忠

重忠は、河越重頼や江戸重長らとともに、武蔵国で最強の秩父武士団を糾合して、一旦は平氏方に立って戦ったが、治承四年（一一八〇）十月のはじめ、頼朝が武蔵の経略をめざして乗り込んできたとき、長井ノ渡で秩父一族はそろってこれに帰伏した。『源平盛衰記』によると、このとき重忠は五百余騎を率いていたという。そして、重忠は三万近くの頼朝の軍勢の先陣をつとめて、相模国に入るのである。これ以後、鎌倉御家人としての重忠の活躍が始まる。

富士川の対陣・佐竹征伐の記録には、重忠の名が見えないが、寿永二年（一一八三）の暮から翌年正月にかけて鎌倉を進発したところの西征の大軍には重忠も五百余騎を率いて加わっていた。そして木曾義仲討滅の戦では、源義経の手に属して、まず宇治川の合戦に武勇をあらわし、京都に入ると直ちに、義経に従って院の御所六条殿にかけつけている。

ついで一ノ谷の合戦でも義経の麾下に属し、例の「鵯越の逆落し」では、馬を引かついで、しずしずと下り、人々はその鬼神のごとき大力に舌を巻いたという話が『源平盛衰記』に残っている。また『源平盛衰記』によると、重忠は当初、源範頼に率いられた大手の軍に属していたが、梶原景時と交替して、義経の搦手の軍に加わったという。そして、このときの重忠の軍勢は五百余騎であったとしている。

畠山重忠が恒常的に率いていた武士団が大体五百騎ほどであったことは事実であろう。そして重忠が搦手軍に加わって一ノ谷陣地に突入したことも事実と思われる。しかし、この合戦の経過を詳細に調べると、義経は丹波路を迂廻して三草山合戦で平軍を一蹴したあと、軍を二手に分け、その本隊を安田義定（甲斐源氏）に率いさせ、自分は七十余騎の別動隊を率いて鵯越の嶮路に向かったこと、そして畠山重忠は義定の本隊に属していたことが明らかなのである。したがって重忠が鵯越にいたはずもなく、右の馬を背負ったというのは作り話以外の何ものでもない。ただし、重忠の大力については、先の宇治川の渡河戦にもこれを発揮したという話があるほか、合戦場の重忠を描写するときに、しばしば語られる。大力無双であったのは事実であろう。

また、重忠は武勇にすぐれたばかりではなく、音楽的才能にもすぐれたものがあったようである。義経追討事件が起こり、捕えられて鎌倉に召喚された白拍子の静《しずか》（義経の妾）が、頼朝及び政子に強要されて、鶴岡八幡宮の廻廊で舞い、義経をしたう曲を高らかにうたったことは有名であるが、このときに天下の名人といわれた静の舞の伴奏をつとめて、鼓をうったのは歌曲に堪能であった工藤祐経であり、同じく銅拍子をうったのが畠山重忠であった。重忠の、こうした面での才能をうかがうことができる。『吾妻鏡』には、重忠が今様を巧みにうたったという記事もある。頼朝は重忠の戦場における武勇ばかりでなく、こうした京都的教養に裏づけられた歌舞の才能をも、深く愛したらしい。

こうして、有力な鎌倉御家人としての地歩を築いた重忠は、当然のこととして、他の有力御家人たちと同様に鎌倉に邸宅を構えた。その場所は、『吾妻鏡』に「南御門の宅」とあるのみで、他に信じられる史料は見当たらない。南御門とは幕府の南門のことであるから、いわゆる大倉幕府の南門前にあったのであろう。また彼は、本領畠山の地の東南約一〇キロほどの、菅谷（現在の比企郡嵐山町菅谷）に新しく館を構え、そこに移っている。文治三年（一一八七）の頃には、すでに菅谷の館を本拠地にしているから、彼が鎌倉の御家人としての地位を確立した頃、あるいはこの地を新しい所領として与えられたのかも知れない。

この菅谷の館の跡は、現在も嵐山町に城址として残っている。その西側近くを鎌倉街道（上道・上信越本道）が南北に通じ、城址の南は都幾川に面した断崖となる要害の地である。しかし、これは戦国時代扇谷上杉氏の家臣太田資康（道灌の子）によって再構築された城館の跡であり、重忠の時代の遺構はその一部に残るのみだと思う。

また重忠は、その戦功の恩賞として各地に多くの所領を与えられた。そうした恩賞の一つとして、彼は伊勢国沼田厨の地頭職をもっていたが、この御厨で地頭代官の押妨・濫行事件があり、これに連座して、重忠は文治三年九月に千葉胤正に召預けられ、また所領四ヵ所を没収された。対手が太神宮領であったために、ことに厳重な処分をうけたらしい。このとき、重忠は謹慎して、食事もとらず、また夜も眠らず、一言も発しないので、胤正がその様子を頼朝に報告し、その赦免を願った。頼朝はその態度に感動して、すぐに罪を許したが、重忠は一旦出仕したものの、代官の不義のために罰を受けたことを恥辱とし、すぐに本拠地の菅谷の館に帰ってしまった。

この際に、梶原景時による「重忠謀叛」の讒言事件が起こるが、小山朝政・結城朝光・下河辺行平らのとりなしで無事に結着した。頼朝はこの際の重忠の忠誠心と直情の心操に感じ、以後は一層重忠を信頼するようになった。

文治五年（一一八九）七月、頼朝が自ら大軍を率いて奥州征伐に進発したとき、畠山重忠はその先陣を命ぜられた。重忠はこの戦いでも、多くの武功をかさね、また武士としての美談を残している。『吾妻鏡』には、典型的な鎌倉武士としての重忠像の形成に資するような多くの説話が見られるのである。

また建久元年（一一九〇）十月、頼朝がはじめて上洛するとき、重忠はその行列の先陣となった。御家人として最大の名誉である。ときに三十六歳の重忠は、多くの鎌倉武士の中で、最も頼朝の信頼を得たところの、錚錚たる存在となっていたといえよう。

なお重忠は、はじめ足立遠元の女を娶り、その間に小次郎重秀が生まれたが、やがてさらに北条時政の女と結婚した。おそらく頼朝のはからいであろう。この結婚により重忠と北条義時とは、ほぼ同年輩の義兄弟となった。また、この妻との間に生まれたのが、六郎重保である。こうした婚姻関係を見ても、鎌倉武士社会における重忠の地位が察せられよう。

畠山氏の滅亡

将軍頼朝は正治元年（一一九九）正月に死去し、嫡男の左近衛中将頼家が跡をついだ。このときに、若い頼家の専断を押さえる意味もあって、訴訟裁判を中心とする幕政は、北条時政以下、幕府の宿老たち十三名の合議制によることとなったが、この中に畠山重忠や小山朝政などは加えられていない。おそらく彼等は幕府の中堅的御家人ではあっても、年齢的にはまだ若く、いわゆる宿老グループとは一線を画していたからであろう。彼等と同年輩でこの合議体制に加わったのは、北条義時のみである。それは幕府内における北条氏の特殊な立場によるものと思う。

そして頼朝の死後、諸御家人の対立がようやく顕在化し、その中で、北条氏が次第に政治権勢を高めていったことは周知のところであろう。この間、つぎつぎと幕府の内紛、有力御家人追討の事件が起こる。

まず、正治元年十月、梶原景時が結城朝光を頼家に讒言したことに端を発して、有力御家人六十余人の連署による弾劾状が景時につきつけられるという事件に発展した。この結果景時は追放され、翌年正月には幕府の追討をうけ、一族とともに滅んだ。この景時排斥に一味同心した御家人の中には、畠山重忠も加わっていた。

ついで、建仁三年（一二〇三）九月には比企氏の乱がおこり、比企一族は将軍頼家の長子一幡とともに滅びた。この比企一族の攻撃には重忠も加わり、大いに奮戦している。

ところが、こうした有力御家人討滅の動きの中で、思わぬ悲劇の順番が、畠山重忠にめぐってきた。元久元年（一二〇四）十一月、将軍源実朝に嫁すことになった坊門信清の女を迎えるために、鎌倉から容儀華麗の壮士たち十五人が選ばれて、京都に上ったときのことである。その壮士たちとは、小山朝光以下、少壮の御家人や有力御家人の子弟たちであり、畠山重忠の子重保も加わっていた。たまたま京都の六角東洞院にある武蔵前司平賀朝雅の屋敷で酒宴が催されたとき、朝雅と重保の間に喧嘩が起こり、周囲の人々がなだめたので、一応は無事に収ったが、この事件があとに尾を引くのである。

平賀朝雅は北条時政の後室牧の方の女婿である。牧の方は朝雅が京都で畠山重保に悪口されたことを根にもって、重忠父子を討つことを計画していた。そして元久二年（一二〇五）四月のころから鎌倉には何となく不穏の形勢があり、近国御家人が参集したりしていたが、六月二十日には、稲毛重成の招きによって畠山重保も武蔵国から鎌倉に出てきた。畠山の側では、鎌倉に何か事件が起こりそうで物騒がしいのを察し、それに備えるために軍勢を鎌倉に差し向けるつもりであった。そこでまず重保が先発し、つづいて重忠も軍勢を率いて菅谷の館を出発した。重忠は十九日に菅谷を発し、二十二日には武蔵国二俣川（現在の横浜市旭区二俣川）まで来ていた。

ところが、その二十二日早朝、北条時政の命をうけた三浦義村の軍勢のために、重保は謀叛人として討たれてしまった。また幕府側は重忠が鎌倉に向かっているとの情報を得たので、北条義時・時房を大将軍とし、和田義盛・葛西清重・安達景盛らの、数万騎の大軍を差し向けた。こうして二十二日の昼頃、両軍は二俣川で遭遇したのである。

はじめ義時は、重忠の忠誠・正直な性格に大きな信頼を置き、彼が叛逆をする道理がないといって、その謀殺に強く反対したが、重忠謀叛を主張する牧氏に強要された時政の再度の厳命に、やむなく追討軍の先頭に立ったという。

重忠の側では、このとき弟の重清・重宗らがたまたま本領をはなれて不在であったため、僅かに息男小次郎重秀以下百数十騎を率いて出陣してきたのであるが、この二俣川のほとり鶴ヶ峯の麓まで来て、はじめて重保が謀殺されたこと、また数万の追討軍が来襲したことを知った。

多勢に無勢、勝敗は戦わずとも明らかである。しかし自分の運命を覚悟した重忠は、いさぎよく戦いを挑むことに決し、幕府軍を邀《むか》えた。そして激戦四時間ののち、愛甲季隆の射た矢に当たった重忠は、ついにその首級をとられた。『愚管抄』には重忠が自害したとあるが、剛勇無双の誉のある重忠は、深傷を負ったのち自害したのかも知れない。ついで重秀以下主な家の子、郎等も自殺し、ここに畠山一族は滅んだ。

現在、鶴ヶ峯（旭区今宿町）の薬王寺境内に六つ塚と呼ばれる六基の墳墓（直径一・五メートルほどのもの）が残っている。重忠以下の一族郎等を葬ったものと伝えられている。

2　小山田有重の一門

小山田有重とその本拠地

畠山重能の弟有重は小山田別当と称し、武蔵国南多摩郡小山田庄を本拠地としたという。所伝によれば、現在の町田市下小山田町にある曹洞宗の古刹、大泉寺の境内が有重の館跡（小山田城跡）という。本堂西側の丘の中腹に小山田有重・行重・高家の墓と伝える三基の宝篋印塔があり、また境内裏手の高台に空堀の遺構が残る。また本堂裏手の崖下に有重の住居跡といわれる地域があり、さらに付近には馬場堀という地名が残っている。これらの伝承や、境内の形観、その位置などから判断して、これが館跡であることは疑いない。しかし、有重の本拠地に関する確実な文献史料は皆無なので、確定はできない。また関東地方のいわゆる城址なるものは、ほとんど戦国時代のものか、あるいはより古いものでも戦国の戦乱に備えて、大改修を施したところの遺構であるから、その時代のヴェールをはがして、鎌倉時代の館跡を再現することはきわめて困難である。

とはいえ、町田市域の西端にあり、おだやかな丘陵を背後にしたこのあたりが小山田庄であったことは確かであろうし、また付近の地形から見ても、その規模は別として、十二世紀頃の館の跡と考えても差つかえなかろう。

ところで、この小山田有重が治承四年（一一八〇）の内乱勃発の頃、兄畠山重能とともに京都にあって、はじめは重恩ある平氏に従って戦ったことは先に述べた。しかし、兄の重能が関東に帰ったのちのことが、『吾妻鏡』にも全く見えず、その嫡子重忠のみが御家人としての活躍を見せるのみであったのに反し、有重のほうは御家人として頼朝に仕えたらしい。

すなわち、元暦元年（一一八四）六月の『吾妻鏡』の記事には、頼朝が宮中（幕府）において一条忠頼を謀殺したときの様子が克明に述べられているが、そこに有重がでてくる。次にその記事を引用しよう。

「(略)晩景に及び、武衛(頼朝)西侍に出で給う。忠頼召に依り参入し、対座に候ず。宿老御家人数輩列座す。献盃の儀有り、工藤一臈祐経銚子を取り、御前に進む。是れ兼ねて其討手に定められ訖んぬ。しかるに殊なる武将(忠頼)に対し、忽に雌雄を決するの条、重事たるの間、聊《いささ》か思案せしむる歟。顔色頗る変ぜしむ。小山田別当有重彼の形勢を見て起座し、此の如き御杓《しゃく》は老者の役たる可しと称し、祐経持つところの銚子を取る。ここに子息稲毛三郎重成、同弟榛谷四郎重朝等、盃・肴物を持ち、忠頼の前に進み寄る。有重両息を訓して云く、陪膳の故実は上括《うわくくり》也てえれば、持つ所の物を閣《お》き括を結の時、天野藤内遠景、別の仰を承わり、太刀を取り忠頼の左方に進み、早く誅戮し畢んぬ」

この記事により、有重が宿老御家人らとともに、宴席に出ていたことがわかるし、また自ら老者といっているところから、その年齢も大体察しがつく。また同時に、この頃はすでに有重の両息の重成・重朝も、頼朝のもとに出仕していたこともわかるのである。

ただし、有重に関する記事は、その後の『吾妻鏡』の記事には現れないので、おそらくは本領の小山田庄に引籠ったのであろう。

なお系図によれば、有重には右に述べた重成・重朝のほか行幸・行重らの子息がある。行幸以外は、それぞれ鎌倉御家人として『吾妻鏡』にその名が見える。先述の小山田城址と伝えられる大泉寺の寺伝によれば、この寺の開創は安貞元年(一二二七)に小山田五郎行重が父有重の菩提をとぶらうために、ここより西北の地に高昌寺を開いたことに始まるという。そしてこの寺は、約二百年後の永享年間に無極慧徹《えてつ》によって曹洞宗に改宗され、さらに文明九年（一四七七）に、扇谷上杉方についた小山田城が長尾景春のために陥落したのち、寺をこの地に移したという。

重成・重朝がそれぞれ稲毛・榛谷を名乗り、後に述べるように小山田の地から離れて本拠地を構えたのに対し、五郎行重は小山田を称し、しかもこの高昌寺を開創したことを併せ考えると、有重の跡をついだのは、この行重であったといえよう。

稲毛三郎重成と稲毛庄

稲毛三郎重成は、父有重が京都の平氏方で戦っている頃、すでに頼朝に従っていた。『吾妻鏡』の養和元年（一一八一）四月二十日の条に、彼が頼朝の意にそむいたため、頼朝の怒りをおそれて籠居したという記事があり、また寿永元年（一一八二）四月には、頼朝が金洗沢《かなあらいざわ》あたりで催した牛追物に参加して、賞を賜わっている。そして元暦元年（一一八四）二月の一ノ谷合戦には、同族の畠山重忠や弟の榛谷四郎重朝とともに従軍している。

頼朝挙兵以後の彼の動きは必ずしも明らかではないが、おそらく畠山重忠と同一の行動をとったものであろう。この重成も畠山重忠と同様に、北条時政の女子を娶っており、秩父一族の中心的存在として、御家人社会の中で中堅的地位を占めたと思う。それは彼の名が『吾妻鏡』の中に頻繁にでてくるところからも、充分に察し得るところである。

この重成の妻は、建久六年（一一九五）七月、比較的若くして死去した。重成はこの妻の死を悼んで、その追善のために相模川の架橋を行い、建久九年（一一九八）の十二月に完成し、その落成供養を行った。そして、これに臨席した頼朝が、その帰途に落馬し、不慮の死をとげたのである。すべての出来事に神仏の作為を考える中世人にとっては、この重成の妻の供養と落馬事件とを切り離しては考えられない。重成の心境にも複雑なものがあったに相違ない。

頼朝の死後、彼は出家し重成入道と呼ばれているが、『吾妻鏡』によれば、畠山重忠謀殺に際し、北条時政と共謀し、重保を鎌倉に招き寄せた張本人であったとされている。そして元久二年（一二〇五）六月二十二日に、重忠が戦死したのちに、謀叛のことが虚構であったと知れると、たちまちに重成が重忠謀殺の首謀者とされ、二十三日に大河戸三郎の手で誅殺され、その子、小沢次郎重政も討たれて、稲毛氏は滅んだ。またこのときに、弟の榛谷重朝も討滅されたのである。

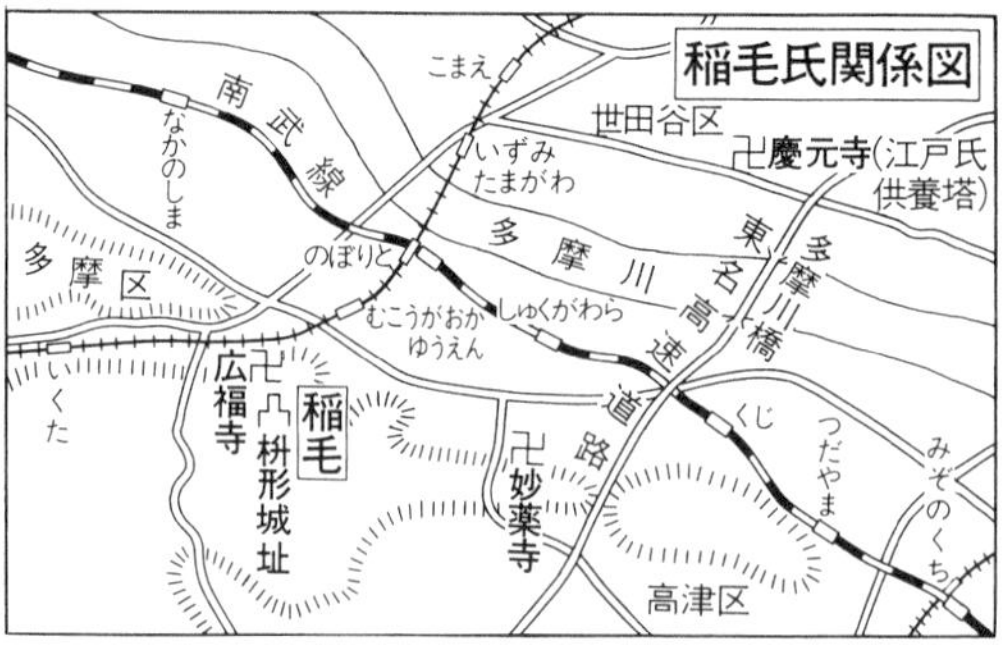

ところで、稲毛三郎重成の名字の地は、武蔵国橘樹郡稲毛庄といわれる。彼はこの地を父有重から

伝領し、在地領主としてこの付近一帯に勢威をはったという。

稲毛庄とは、多摩川が溝口あたりから東南流する右岸、丸子の南に至る地域を占め、南は河崎庄に接していた。当時の地名でいうならば、稲毛郷・小田中郷・井田郷・坂戸郷などを含む地であった。現在、その領域を確定することは困難であるが、大体のところは、いまの川崎市の高津区・中原区一帯にひろがった稲作地域であった。現在の国鉄南部線の沿線と考えて差しつかえなかろう。

この荘園は十二世紀半ば頃、藤原摂関家領としてあらわれ、鎌倉時代には稲毛本庄・新庄が成立、ともに摂関家の一つの九条家の伝領するところとなっている。すなわち稲毛庄関係史料として最も古いのは、長寛二年（一一六四）七月の注進状（『兵範記』仁安二年秋巻裏文書）であるが、承安元年（一一七一）の「武蔵稲毛本庄検注目録」（宮内庁書陵部所蔵、『中右記』裏文書）によれば、総田数二百六十余町の荘園であったことがわかる。

当庄が有力な在地領主によって開発され、藤原摂関家に寄進されて荘号を立てたところの、いわゆる寄進型荘園であったことは疑いない。しかしその開発領主が誰であったかはわからず、小山田有重あるいはその一族であろうと推定し得るのみであるが、鎌倉時代初期に稲毛重成がその領主権（地頭職）を伝承していたことは確かである。

なお、元久二年（一二〇五）に重成が誅殺されたのち、稲毛庄以下の所領が誰人かの手に移ったはずであるが、その行方を知ることはできない。ただし、正中二年（一三二五）頃に、稲毛新庄が葛西氏の所領であったことを示す史料もあるので、本庄もまた秩父一族で小山田系の家々が滅亡したあと、残存した他の系統の家に伝領された可能性が大きい。

現在、稲毛重成の本拠地であったと伝えられるものに、枡形城跡という古蹟がある。現在の多摩区枡形にある枡形山で、多摩丘陵の東端の位置を占めている。そして城跡の北側にある広福寺は、重成の館跡であったともいう。この広福寺は承和四年（八三七）慈覚大師の開山と伝え、また中興（建久六年）の開基を枡形城主稲毛三郎入道重成、中興開山（第一世）を長弁阿闍梨とする真言宗の古刹である。寺宝とする平安末期作の地蔵菩薩像は、重成の持仏といい、また稲毛一族の位牌も伝えられ、さらに境内には重成墓といわれる五輪塔（欠落部分多く、形は不完全）も残っている。

最近の調査によれば、鎌倉時代にはこのあたりの多摩の流れは、現在よりかなり南に寄っていて、現在の中野島・登戸・宿河原などの地区は河の中州であったという。そうなれば枡形城は、多摩の流れの南岸に接する要害の地で、まさに鎌倉時代の館を構えるにふさわしい地形を保っている。伝承の通り、まさに枡形城址及び広福寺一帯、そして現在の向丘・菅生地区などは、重成の本拠地と見るべきであろう。ただし、枡形城の遺構から見て、現存のものの築造の時期は室町時代と考えられている。

ところで、この枡形山一帯が重成の本拠地とすれば、上に述べた稲毛庄との関係は如何に考えるべきか、今日、その稲毛庄の荘域と考えられている北限は溝口あたりであり、枡形とは五キロ以上離れている。名字の地の稲毛庄または稲毛郷から、北方に隔たったところに本拠地を置いたのは、他に適当な場所が無かったからであろうか。あるいは、重成は稲毛庄ばかりでなく、その北に連なる一帯の地域をも合わせて、本領としていたのか。証明することはできないが、枡形山を本拠地としたことを認める立場からすれば、私は後者の解釈を採りたいと思う。

榛谷重朝と榛谷御厨

次に、重成の弟榛谷四郎重朝は、兄重成と去就をともにし、他の秩父一族の人々とともに、頼朝の武蔵入りのとき以来、頼朝に従った。彼はとくに弓馬の術にすぐれていたらしく、『吾妻鏡』に見える牛追物とか流鏑馬、小笠懸あるいは弓始めなどの記事には、ほとんどその名をあらわしている。養和元年（一一八二）四月、頼朝は御家人の中から「殊に弓箭に達し」、また「御隔心無き」人々十一名を選び、毎夜その寝所の近辺に候じて警衛すべきことを命じたが、その十一名は、北条義時・梶原景季以下いずれも少壮の御家人たちで、重朝もまたその中に加えられている。重朝に対する頼朝の信頼が殊に厚かったことが知られる。

一ノ谷合戦や奥州征伐にも、兄重成と共に従軍して活躍している。とくに奥州合戦の際に重朝は毎日怠らずに乗馬を洗ったとして、人々の評判となったといわれる。

梶原景時追放の際の諸御家人の連署にも兄とともに加わり、また比企氏討滅のときも、畠山重忠とともに襲撃の軍勢の一員となっている。頼朝死後の御家人社会では、まさに中堅の地位を持していたものと思われる。

そして、すでに述べたように元久二年六月、畠山重忠謀殺事件の翌日、謀略の罪に問われた兄重成と運命をともにし、重朝もまた嫡男重季以下とともに三浦義村に討たれたのである。この事件の経緯を見ると、秩父武士団を代表する有力御家人たる畠山重忠と、この小山田一門の重成・重朝は、はじめから北条氏による有力御家人抹消の陰謀計画に乗ぜられたものとすべきであろう。

なお、この榛谷重朝が名字の地としたのが榛谷御厨で、それは都筑郡二俣川から橘樹郡保土ヶ谷にかけての土地（現在の旭区二俣川から保土ヶ谷区内にわたる地域であるが、その正確な領域はわからない）を、現地の開発領主が伊勢神宮に寄進して成立した御厨である。建久三年（一一九二）の「伊勢大神宮神領注文」（『神宮雑書』）によると、保安三年（一一二二）に伊勢内宮領になっている。

建久三年といえば、重朝がせいぜい三十歳ほどで、御家人として活躍していた時代である。したがって、その父の小山田有重の推定年齢は、五、六十歳である。この時代の榛谷御厨の地域の在地領主が榛谷重朝であって、御厨の下司（あるいは地頭）に任じていたであろうことはほぼ確実であり、またその在地領主権を父の有重から伝領した可能性は大きい。しかし、建久三年より七十年前の保安三年に神宮領の御厨になったとするのが正しいならば、この土地の開発領主あるいは寄進者が、重朝はもちろん有重であった可能性は全く無い。

考えられることは、有重の父秩父太郎大夫重弘によって開発・寄進が行われ、その在地領主権（下司職）が、有重・重朝へと伝えられたか、あるいは有重または重朝の母の系統の現地の土豪が、その開発地を御厨として寄進し、その在地領主権を重朝が伝領したかである。私は後者の婚姻関係に基づく伝領の可能性が大きいと考えるが、有重または重朝の母についてはまったくわからないので、その確証はつかめない。

いずれにしても、この榛谷御厨が重朝の本領であったことだけは疑いないところで、重朝滅亡ののちは、北条氏の所領となった。

なお小山田一族は、稲毛三郎重成・榛谷四郎重朝が、畠山一族とほぼ同時に滅び去ったが、彼等の弟小山田五郎行重の系統のみは鎌倉時代を通じて命脈を保ち、その子孫には、南北朝時代に新田義貞に従って兵庫で戦死した小山田太郎高家があった。

3　河越重頼と江戸重長

河越氏と江戸氏

秩父一族の中で、鎌倉初期に畠山氏とならんで、有力御家人として活躍したものに、河越氏・江戸氏・豊島氏・葛西氏などがある。

そこで、まずはじめに、嫡流とみられる秩父重弘（畠山重能・小山田有重の父）に比較的近い系統にある河越氏及び江戸氏について述べることとする。なお、鎌倉初期に名をあらわす有力武士として、秩父一族に属するものは、上述の家々のほかに、秩父重綱（重弘の父）の弟の基家に系譜をひく渋谷重国がある。しかし、この渋谷氏は相模国渋谷庄を本領としたので、本書での考察外となる。

重綱の第二子（重弘の弟）の秩父二郎大夫重隆は、源義賢が上野国から武蔵に勢力を拡げようとしたとき、これに加担したため、久寿二年（一一五五）八月、比企郡大蔵館で源義平のために討たれた。この重隆が初めて入間郡河肥（河越）庄の領主としてその地に居住し、河越氏の祖となった。そして、この重隆の孫が河越太郎重頼である。

この河越庄の成立年代は明らかでないが、鎌倉初期の情況については、『吾妻鏡』の文治二年（一一八六）七月二十八日、及び八月五日の両条により、これが新日吉社領の荘園であり、また地頭請所となっていたものであることがわかる。そして、この河越庄の地頭が河越重頼であったことも明らかである。おそらくは河越重頼が開発領主として、この地を京都の新日吉社に寄進したものであろう。その際に荘司として在地の領主権を留保するのは、この時代の寄進型荘園における一般的形態であるが、その荘官職が伝領され、重頼のときにその所領所職が安堵されて、鎌倉幕府の地頭職となったに相違ない。

河越庄の荘域については、いま正確にこれを示すことはできないが、大体のところは、現在の川越市のうち、市街地の西北に接する地域で、その荘域内を入間川が北北東に流れていたものと見てよい。

重隆が荘園支配の精神的支柱として新日吉社をこの地に分祀したといわれる日枝神社（新日吉山王宮）の社域（土塁の一部が残存する）が、市内上戸地区に現存する。そしてその近くにある時宗の寺院常楽寺は河越館跡の一部であるという。この館跡は入間川の自然堤防の内側に位置する二〇〇メートル四方ほどの地で、その西側と北側の一部の土塁が残っている。

これらは、当時の河越庄の西北の丘陵地に構築されたものの遺構であろう。常楽寺は河越氏の持仏堂として建立されたものと伝えられるが、その山門・仁王門も江戸中期の建築物で、中世のおもかげは全く見られない。

また、川越市末広町にある養寿院は河越経重（重頼の第二子重時の孫）が寛元二年（一二四四）に創建したものであるが、そこに伝わる銅鐘の銘には、この経重が文応元年（一二六〇）十一月に、「武蔵国河肥庄の新日吉山王宮」に寄進したことが記されている。河越氏とこの河越庄との関係を立証する有力な史料といえよう。なお、この養寿院の本堂西南側に、河越重頼の墓と伝えられる五輪塔がある。

次に、この河越氏と比較的近い血縁関係にあるのが、江戸氏である。すなわち、河越氏の祖重隆の弟重継が江戸を名乗り、江戸の地

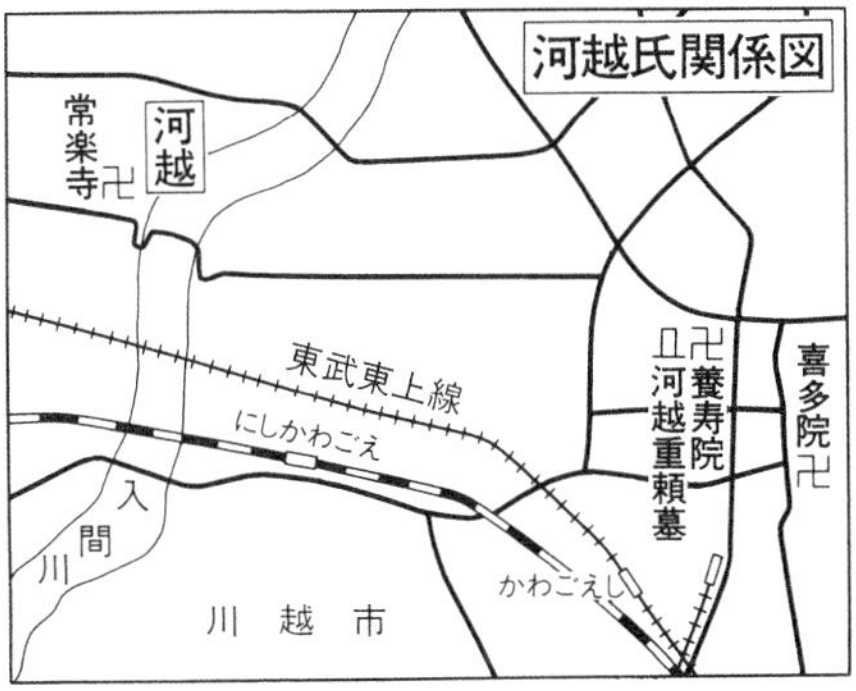

河越氏関係図

を本拠として、江戸氏の祖となった。鎌倉幕府の有力御家人となった江戸重長は、この重継の子である。

重継は、十二世紀前半期に武蔵国荏原郡の臨海の要地、江戸郷に進出して、そこに居館を構えた。もちろん、その周辺の地域の開発が進められたであろう。鎌倉時代にはこの地は江戸郷と称したようで、文献の上では荘園であった徴証は皆無である。しかし、一方では、現存の日枝神社を根拠に、新日吉社領の荘園で、江戸氏はその江戸庄の荘官として在地に勢力を伸ばしたとする推測の説もあり、あるいは荘園が成立していたとすべきかも知れない。

いずれにしても、当時は江戸湾（東京湾）の海水が現在よりはるかに深く入りこみ、日比谷のあたりはさらに入江ができていた。金杉・霞が関・桜田（現在の港区から千代田区にかけての地域）あたりは、その入江に臨む海岸であった。そして日比谷の入江に注ぐ平川があり、この川が豊島郡と荏原郡の境をなしていた。

重継はこの川の南側の荏原郡に属するところの江戸の地に本拠を置いたのである。秩父系図によれば、重継の叔父の基家は河崎と称しているから、おそらくは現在の川崎市あたりを勢力圏にしていたと思われる。また重継の母は横山党の小野氏の女《むすめ》であるが、この横山党は、すでに十二世紀はじめ頃、南武蔵一帯に勢力を伸ばしていた。重継の江戸進出と、これらの勢力とは無関係ではあるまい。

今日、この時代の江戸郷あるいは江戸庄の領域を確定することは不可能であるが、現在の皇居（江戸城）から南の永田町・霞が関一帯がその中心地であったと推定する。そして江戸氏の居館も、この地域内のいずれかの台地に構えられたものと思う。

江戸重長に関係する史蹟としては、現在の東京都世田谷区喜多見に、氷川神社と慶元寺とがある。氷川神社には重長の子孫の江戸頼忠が、永禄十三年（一五七〇）にこれを再興したと記す棟札が残り、また江戸時代の初期に頼忠の曾孫喜多見重順・重勝兄弟が建立した鳥居が現存する。戦国時代以後、江戸氏の一流である喜多見氏が、このあたりに領地を与えられていたことがわかる。

また慶元寺は、寺伝によれば、はじめ文治二年（一一八六）、重長が父重継をとぶらうために江戸城内の紅葉山に創建した江戸氏の菩提寺であるが、のちに江戸城築城にともなって現在地に移されたという。いま、その境内には寛永年間に造立されたところの、重長追善供養の五輪塔がある。戦国時代から江戸初期にかけての時代に、喜多見氏が江戸重長の子孫であるという確かな認識をもっていたことは疑いない。

なお、江戸氏は鎌倉時代を通じて御家人としての命脈を保ち、幕府滅亡後は上野国新田岩松氏の家臣となったが、さらに戦国時代を経て、徳川幕府に仕えるまで、連綿と血脈を伝えている。そして子孫の家々は、右の喜多見氏をはじめ、北多摩郡の柴崎、橘樹郡の丸子・六郷・竹沢、あるいは飯倉（現在の港区内にあり、中世の飯倉御厨）などを、それぞれ名字の地としている。いずれも東京都の西南郡地域の地名である。江戸重長の時代の江戸氏の勢力圏との何等かの関連を想像し得るのではなかろうか。

河越重頼の動向とその誅殺

秩父重綱に系譜をひく河越氏及び江戸氏についての概略を述べたが、鎌倉開府の時期に活躍したのは、いうまでもなく、河越重頼と江戸重長である。

まず河越重頼であるが、頼朝挙兵の時期の重頼の行動は、先に見た畠山重忠と共同歩調をとっていたものと見てよい。しかも、この時期に畠山重忠ほどは華々しい動きを示してはいないが、『吾妻鏡』によれば、重頼がむしろ秩父武士団の中核的存在であったらしい。

治承四年（一一八〇）八月二十四日、大庭景親の求めに応じて、石橋山に向かった畠山重忠は、途中で石橋山における頼朝の敗戦を知って本拠地に馳せ帰らんとしていた三浦一族の軍勢に出合い、鎌倉由比ヶ浜で激戦を交えた。このとき、重忠の郎従五十余輩が討たれたので、勝敗を決することなく、重忠は一旦、軍をひいた。しかし、重忠は一つにはこの合戦の屈辱をはらすため、また一方では平氏の重恩に報いるため、頼朝側に立った相模国第一の強勢武士団たる三浦一族を衣笠城に攻撃しようとした。そして、それまでは畠山氏だけの単独行動であったが、この際に重忠は秩父一族の武士団の総力をあげて、一挙に三浦一族を攻略することとした。

そこで重忠は河越重頼に連絡をとり、武蔵の武士たちを相催して来会すべきことを促したのである。

重忠が何故にこのことを河越重頼に連絡したのか。『吾妻鏡』には、その理由について、「重頼は秩父一族の中で、次男流ではあるが、秩父氏の家督を相続しており、武蔵の武士団の多くを従えているから」と記されている。

これによると、河越氏が秩父重綱以後の、秩父一族の家督を継承していたことになる。私は先に武蔵国留守所総検校職が重綱から代々長男流の畠山氏に伝えられたと述べたが、もし河越重頼が家督をついでいるなら、この総検校職も重頼の手中にあったと見なければならない。また、のちのことであるが、嘉禄二年（一二二六）四月に、河越重頼の子、三郎重員が武蔵国留守所総検校職に補されたときの『吾妻鏡』の記事には、これが「先祖の秩父出羽権守（重綱）以来、代々補し来る」ところの職であると述べられている。「河越氏の代々」の意味であれば、鎌倉初期には重頼のものであったとしなければならない。それでは畠山重忠はどうなるのか。数年後に河越重頼は失脚するので、その後に重忠がこれに補任されたものであろうか。あるいは、重忠がとくに頼朝の信任を得ていたため、いつの頃か重頼の手から重忠へ移ったのか、そのあたりのことは定かでない。

それはともあれ、頼朝挙兵の時期の武蔵国で、河越重頼が秩父氏の家督として国内の多くの武士団を従え、有勢の者であったことは疑いない。彼は畠山重忠の申し入れに従い、早速、数千騎の軍勢を率い、八月二十六日には衣笠城を攻撃して、これを破った。この軍勢には、同族の江戸重長も加わっており、また武蔵七党の一つの村山党なども含まれている。

その後、勢力を恢復した頼朝が、数万の軍勢を擁して武蔵国に進んできたとき、治承四年（一一八〇）十月四日、長井ノ渡で河越重頼・江戸重長が畠山重忠とともに、頼朝の下に参会したことは、前章に述べた。この頃、重頼にはとくに独自の動きを示した痕跡はなく、つねに畠山重忠と共同の歩調をとっていたと思われる。なお、この時期の重頼の年齢は明らかではないが、当時十七歳であった畠山重忠よりは十数年の年長、そして江戸重長よりは若年であったと推定される。

また、重頼の妻は、頼朝の乳母であった比企尼の女《むすめ》で、寿永元年（一一八二）八月に頼朝の嫡子頼家が生まれたとき、選ばれて乳付けを行った。こうした面から見て、重頼ははじめから頼朝との親近関係もあったようである。こうして御家人に列した重頼は、元暦元年（一一八四）正月の源義仲討滅の戦いでは、源範頼・義経の軍勢に嫡子重房とともに加わっている。そして、彼もまた畠山重忠と同様に、入洛後ただちに院の御所六条殿の警衛に馳せ参じた人々の中に、その名を見出す。幕府の西征軍の中での主だった棟梁的武士であったと思われる。

しかし、ついで二月の一ノ谷合戦では、何故か彼の名は『吾妻鏡』にあらわれない。しかし、『平家物語』では、重頼も重房も、義経の軍勢に加わっている。もし『吾妻鏡』の記事が正しいならば、重頼は京都の警備のために残ったのであろうか。なお、『平家物語』では、のちの屋島の合戦にも河越重頼・畠山重忠らが参加していることになっているのに、『吾妻鏡』にはそのことが見られない。『吾妻鏡』は合戦の記事が簡単であるから、参戦した者を明示しなかったとも考えられる。しかし、一ノ谷合戦の『吾妻鏡』の記事には、範頼軍及び義経軍に従った御家人約五十名が列記され、その中に畠山重忠や稲毛重成・榛谷重朝らの名があるのに、河越重頼が見えないのである。しかも、この記事は、出陣の際の交名に拠ったらしく、信憑性を感じる。屋島の場合はいずれとも言い難いけれども、一ノ谷合戦には何かの理由で参戦しなかったのではなかろうか。

それはともあれ、一ノ谷合戦に勝利を得たのち、源範頼は一旦鎌倉に帰り、源義経は京都にとどまっていた。この時期、重頼が鎌倉に帰ったかどうかはわからない。『平家物語』にいうように、屋島合戦で義経の麾下にあったとすれば、義経とともに在京していた可能性が強いようである。

やがて元暦元年（一一八四）の八月、義経が頼朝の推挙も無くして、検非違使・左衛門尉に任官し、頼朝を激怒させるという事件が起こった。頼朝と義経の不和のきっかけとなった事件である。

そして、この事件の翌月、重頼の息女が義経の正妻として京都に送られた。彼女は「家子二人、郎従三十余輩」を従えて上洛したというが、この結婚はかねてより、頼朝の斡旋で約束させられていたものである。それにしても、義経が頼朝の不興をかった直後に、あわただしく京都へ送られたのには、何らかの事情があったのか、疑問が残る。有力御家人の女を送り込み、戦功を誇り自専の行動の多い義経を牽制するためか、あるいはこれを監視させるためか、または義経を懐柔するためか、いずれかの理由があったに相違ない。

しかし、結果としては頼朝と義経の不和・対立は一そう激化し、翌文治元年（一一八五）には、ついに義経は追討をうける身となった。そのため、義経の義父という立場となった重頼は、その年の十一月十二日、その所領を没収され、その身も誅されてしまった。

もともと頼朝は、東国諸国の中小武士を統轄するような棟梁的武士に対して、強い警戒心をもっていた。彼等の動向に少しでも疑いがあると、例えば上総介広常や一条忠頼の場合のように容赦なく誅殺している。

武蔵の豪族的武士で、秩父一門の棟梁的存在であった河越重頼も、そうした頼朝の方策にあやつられて、処分されたとも考えられよう。しかし、頼朝はもともと乳母関係でつながる河越氏を滅亡させることまでを考えたのではなく、ただその勢力が大きくなるのを嫌い、また義経の縁者として、これと強く結びつく重頼を警戒して、この処分に及んだものと思う。何故ならば、頼朝は没収した重頼の所領のうち、伊勢国香取五ヵ郷を大井実春に与えたほかは、本領の河越庄をはじめ、所領の大部分を重頼の老母に預けて知行させ、さらに文治三年（一一八七）にはその河越庄を重頼の後家尼に安堵しているからである。

こうして重頼は義経の縁者となったばかりに誅殺されたが、河越氏はその後も御家人身分を保って存続する。そして、重頼の第三子重員は、嘉禄二年（一二二六）、先祖重綱以来代々の例であるとの理由で、武蔵国留守所総検校職を与えられている。さきに後家尼の河越庄知行について安堵し、名主百姓らに「所務と云い雑務といい、すべて彼の尼の下知に従うべし」と命じた頼朝の心情について、

『吾妻鏡』には、「彼の遺跡を憐愍《れんびん》せしめ給うの間」と説明している。この頼朝の心情がうけつがれて、河越氏の武蔵国における棟梁的地位が復活したといえよう。

武蔵国の棟梁、江戸重長

河越重頼とならんで、秩父一族のもう一人の実力者は江戸重長である。源頼朝が武蔵国を経略しようとしたとき、最大の関心は、秩父一族の動向であったが、とりわけ、下総の国府から太井川・隅田川をはさんで対岸の地域、すなわち江戸周辺の地域に蟠踞する葛西・豊島・江戸の諸氏を如何に懐柔するかが問題であった。彼等は始め大庭景親に与して、平家側に立ち頼朝に抵抗した一族であるから、頼朝としても、うかつに彼等の勢力圏の中に進入することはできない。下総国府で十日余り動かなかった頼朝は、この間に対秩父対策を練り、とくに武蔵入りの前面に立ちはだかり、頼朝を阻止する姿勢を示す江戸重長への対策に腐心していたのである。『吾妻鏡』に見えるこの間の動きは、すでに第一章に述べたので、ここで繰り返すことを避けるが、その際に最も強硬に頼朝の申し入れを拒み、これに対抗する姿勢を示したのは江戸重長であった。

重長は、さきに同族の河越重頼・畠山重忠らと、三浦の衣笠城を攻略したが、その後約一ヵ月で、南関東の情勢は大きく変わり、その本拠地の前面に頼朝の数万の軍勢を迎えることになったのである。頼朝が秩父一族の分裂を策したため、葛西・豊島らはすでに頼朝側に参向する姿勢を示していた。しかし、重長は大庭景親との約定を重んじてか、容易には頼朝の誘いに応じないで、なお数日の抵抗を示した。この間、重長は河越重頼や畠山重忠と連絡をとり、如何に進退を決すべきかの相談をしていたのかも知れない。

九月二日に頼朝が太井・隅田両河を渡って武蔵に入ったとき、彼はまだ江戸重長の動向についての正確な情報を得ていなかった。頼朝の軍勢は、二日・三日は隅田宿に泊り、四日に長井ノ渡をわたり滝野川・王子・板橋と進んで、五日に武蔵国府（東京都府中市）へと入ったが、この経路は明らかに江戸重長の勢力を意識しての進軍路といえよう。なぜならば、この隅田宿は隅田川の西岸で、現在の台東区橋場付近と推定され、それは律令時代からの豊島郡の駅家郷の所在地といわれており、その豊島郡の駅家から武蔵国府に至るには、現在の皇居内を抜け、麴町から甲州街道にそって行くのが常道であるが、当時のそれは江戸重長の勢力圏の中を通るので、頼朝はこれを避けて、現在の城北地区を迂廻したと見られるからである。

こうして、頼朝は江戸重長との衝突を避けたが、それだけに当時の重長の勢力の強大さもうかがわれるであろう。しかし結局は、重長の抵抗はそれまでで、九月四日には河越・畠山とともに長井ノ渡に参向し、翌五日、頼朝は重長に「武蔵国諸雑事」を沙汰する権を与えた。それ以後、鎌倉御家人としての重長の活動がはじまる。

『吾妻鏡』によれば、源義仲追討及び平氏征討の軍の中に重長の名は見えないが、文治五年（一一八九）の奥州征伐の際には、重長もこれに従軍している。平氏征討のときには、頼朝自身が鎌倉を動かなかったことでもわかるように、鎌倉にも多くの兵力を残置する必要があり、秩父一族の人々の多くが征西軍に加わったが、武蔵の棟梁とさえいわれた実力者江戸重長は、東国に残留したものと考えられる。そして、奥州征討の際には、すでに鎌倉幕府の兵力の大部分をこれに投入し得る情況となっていたので、江戸重長もその軍勢に加わったのであろう。

ところで、『吾妻鏡』を見ると、江戸太郎重長の名は、頼朝の他行の際の行列の供奉人の中に散見し、また建久五年（一一九四）二月二日に北条義時の嫡男泰時の元服の儀が幕府で行われたとき、これに臨席した有力御家人三十四名の中に、畠山重忠・榛谷重朝らの秩父一門とともにその名がある。それらの記事を見ると、有名御家人の一人として、ごく平穏な生活を送っていたものと思われる。

ところが、建久六年（一一九五）三月、頼朝が二度目の上洛をして東大寺供養に臨んだときの御供の随兵二十八騎の中に、江戸太郎重長の名が記されているのを最後に、彼に関する記事は『吾妻鏡』から全く消えてしまう。おそらくは、そののち間もなく死去したものであろう。

なお、重長には嫡子太郎忠重以下、次郎親重（氏重）・四郎重通・七郎（五郎）重宗らの子息がある。これらの子息たちは、先に述べた奥州征伐に父とともに従軍している。その事実からも、重長の死去の際のおよその年齢が推測できるであろう。

嫡子忠重は、元久二年（一二〇五）の畠山重忠討滅の際の幕府軍の中に、その名を見出す。そして、畠山氏滅亡後、江戸氏が秩父一門の家督をつぎ（私はこの家督は河越重頼の死後に畠山重忠が継承したものと考える）、一門の棟梁の地位を得たものと思われる。

4　豊島清光と葛西清重

秩父一族の庶流

十二世紀末期に江戸氏の勢力圏が当時の荏原郡、すなわち現在の東京都の城南地域であったのに対し、その北側に位置した豊島郡、すなわち現在の城北・城西地域を支配したのが豊島氏であった。また葛西郡すなわち城東地区には葛西氏が勢力を有していた。

この豊島・葛西両氏も秩父一族ではあるが、これまで述べてきた秩父の嫡流（家督）あるいはそれに近い関係にあった畠山・小山田・河越・江戸の諸氏とは異なり、むしろ秩父一族の庶流の位置にある。

すなわち、秩父重綱の祖父武基の弟に、秩父六郎大夫武常というものがあり、この武常を祖として、豊島・葛西両氏が出たのである。しかし、豊島氏と葛西氏とが分立したのは十二世紀半ば頃のことで、系図によれば右の秩父武常の曾孫清光は豊島氏を称したが、その長子朝経がこれを継承し、次子清重が葛西を称したとされる。おそらくは清光が相伝した所領のうち豊島の地は朝経に、葛西の地は清重に与えられたのであろう。

武常以後、荒川（隅田川）の下流地域、とくに豊島郡のいずれかの地域を開発して在地領主となり、また葛西郡へと発展したであろうことは考えられるが、そうした経過を示す史料は皆無なので、確かなことは何もわからない。

しかし、中世になると豊島庄が存在しており、『吾妻鏡』の仁治二年（一二四一）四月二十五日条には豊島庄の荘名と、それに関連して豊島又太郎時光という名が見られる。この時光は、豊島氏関係の系図に見当たらないが、時代から見ると豊島朝経の子とも推定できるし、そうでなくても、豊島一族であることは疑いない。したがって、この豊島庄が、豊島氏の所領であること、しかもおそらくは代々相伝の開発私領であったことを想定し得る。

そして第一章にもふれたように、伝承によれば武常の長子豊島近義は、源義家に仕え、また豊島の地に館を構えたという。またその館は豊島郡内の上中里平塚の地にあったといわれているが、もしこの伝承が正しいとすれば、それは現在の北区上中里の平塚神社付近の台地に比定される。この台地は、東に荒川流域の低湿地をひかえ、また北は石神井川をはさんで王子台に対するというように、まさに中世豪族の居館を置くのにふさわしい地形である。

なお、現在の北区豊島七丁目にある清光寺は、豊島清光が娘の冥福を祈って、館の一隅に寺院を建立したものと伝え、したがって館もこの位置にあったとの説もある。あるいは清光時代の館跡かもしれない。しかしこの清光寺付近の地勢は低湿地帯でもあり、在地武士の居館地にふさわしくない。伝承を信ずるならば、清光寺そのものが、のちにこの地に移転したと見るべきであろう。

豊島氏は、おそらくこの平塚神社付近を本拠地として、郡内にひろがる豊島庄を支配していたものとして誤りあるまい。そして十二世紀末頃の豊島清光は、近義の弟常家の系統であるが、何らかの理由で豊島氏の家督を継承したのであろう。

次に、葛西氏の所領であるが、それを考えるには、まず葛西郡について説明する必要があろう。葛西とは元来は葛飾の西、すなわち葛飾西郡の意味である。この葛飾郡は古くから下総国に属する郡であり、中世以後もそのまま存続している。ところが、鎌倉時代以後の諸史料には、ときに武蔵国葛西（葛飾）郡が見えていて、葛飾郡の西半部が武蔵国に属すると見做されたものと考えられる。

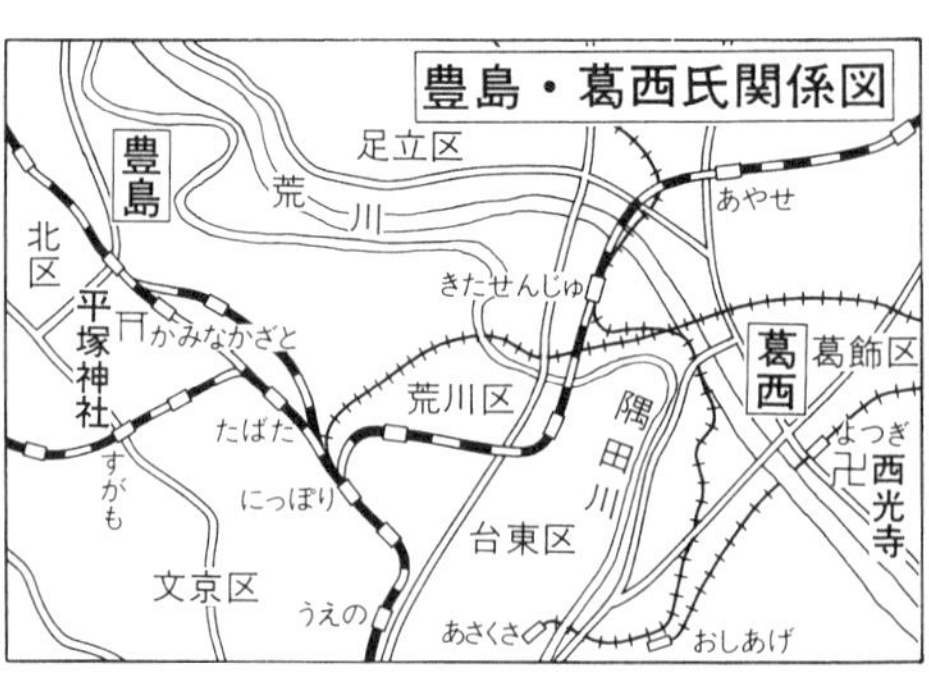

もともと、中世の初めごろは、太井川と隅田川の下流域は、河流の変動も激しく、そのいずれの川を以て武蔵・下総の国境にするかの違いもあり、国の境界もとくに確定し得ない状況にあったらしい。そして葛飾郡は、この二つの川の中間の地域から、太井川の東岸の地をも含む範囲にわたる郡であっ

た。そして葛西の地域は、もし太井川（のちの江戸川）を以て下総国との境とするならば、明らかに武蔵国に入る。しかし、葛西地区を含めて、葛飾郡の本来の管国は下総国であった。

十二世紀の後半、この葛飾郡には二所大神宮領の葛西御厨が成立していた。神宮領の御厨に関する文書を多く収める『櫟木文書』（別名、桧垣文書）が現存するが、その中に永万元年（一一六五）三月二十一日の「占部安光文書紛失状案」なるものがあり、それによるとこの葛西御厨は三十三郷から成り、またこの時期の本領主が葛西三郎清重であったことがわかる。すなわち、豊島清光の二男清重は葛西御厨の地三十三ヵ郷を領有し、在地領主としての支配を実現していたのである。なお、永万二年といえば、清重がかなり若い時代のことであるから、彼自身の手で御厨の寄進が行われたのではなく、右の文書にも「清重の先祖以来、永く伊勢大神宮に寄せ奉らしむ」と見えるので、開発寄進は、あるいは武常・常家の時代のことであろう。清重はその本領主権を伝領していたものに相違ない。

頼朝挙兵と豊島・葛西氏の動向

このように、豊島郡・葛飾郡にそれぞれの勢力圏をもった秩父一族の豊島・葛西両氏は、頼朝が下総から武蔵へと進入する際に、さらに南部の地域を抑さえる江戸氏とともに、その行手をさえぎる有力な障壁であった。そこで頼朝は、この秩父一族、とくに庶流の豊島・葛西の懐柔をはかった。

すなわち、石橋山合戦に敗れたのち、海を渡って安房にのがれ、再起をはかった頼朝は、九月のはじめ、まず書状を小山四郎朝政・下河辺庄司行平・豊島権守清光・葛西三郎清重らに送り、「志ある輩を相語らい、参向すべし」と命じている。これらの人々は、石橋山の合戦には間に合わなかったが、はじめから頼朝の催しに応ずる可能性を持つ存在であったに相違ない。あるいは伊豆の挙兵以前から内密の約諾があったのかも知れない。

またこの際に、頼朝はとくに清重に対し、「清重は、源家に忠節を抽んずる者である。ところがその居所（本拠地）は江戸氏や河越氏の勢力圏の中間にあるから、進退を決するのも困難であろう。それ故、早く海路を経て参向しなさい」と慇懃な申し送りをしている。清重がはじめから頼朝に志《こころざし》を向けていたこと、また頼朝に対立する秩父一族の間での清重の立場などが、よくわかると思う。

さらに、このとき頼朝は豊島右馬允朝経の妻に「綿衣を調整せよ」と命じた。それは朝経が在京していて留守であったからという。九月といえば秋の末であるから、これから冬に向かって再起の戦を覚悟していた頼朝の、周到な用意のためであろうか。

なお、この時期に朝経は在京していたので、豊島一族は父親の清光が統率していたこともわかる。

さて、このように豊島・葛西らに対する手をうった頼朝は、上総広常や千葉常胤の協力を得て、三万の大軍を組織することに成功して、九月末には下総の国府に入り、武蔵の情勢をうかがった。そして江戸重長に帰伏をすすめたが、重長の強硬な態度を見て、葛西清重に使を遣し、重長謀殺を命じるのである。『吾妻鏡』には、「江戸、葛西は一族たりと雖も、清重は弐（二心《ふたごころ》）を存せざるに依り、此の如し」とある。この記事によれば、清重の忠節を信じて、秩父一族の分裂をはかったものと思われる。

こうして頼朝は、清重に命じた重長誅殺の結果も見ずに、九月二日、太井・隅田両河を渡って武蔵に入った。そのとき、豊島清光・葛西清重はまっ先に参上している。

また翌々日には、清重の画策が成功したのであろうか、秩父一族の主流である畠山重忠・河越重頼、そして江戸重長までが帰伏したのであった。頼朝の武蔵進入の際の葛西清重の功績は、きわめて大きかったのではなかろうか。

こうして鎌倉御家人となった豊島氏と葛西氏であるが、彼等のその後の動向はどうであったか。

まず豊島権守清光は、文治五年（一一八九）七月、奥州征伐に出陣した頼朝の軍勢の中に、葛西清重や江戸重長らとともに、その名を見せているのと、建久元年（一一九〇）十一月の頼朝入洛の際、後陣の随兵の中に加わっているほか、『吾妻鏡』にはほとんどその姿をあらわさない。しかも、この両度とも畠山重忠が先陣をうけたまわっているのに比較すると、御家人としての豊島清光は、あまり重用されていないようである。

また清光の子息、豊島右馬允朝経については、『吾妻鏡』にもほとんど記載がなく、ただ建仁元年（一二〇一）七月に土佐国守護職に補任されたとある豊島右馬允が、この人物かと思われる。しかし、この朝経は建仁三年（一二〇三）八月に守護職を三浦義村と交替し、同年十月には蜂起した叡山の衆徒のために討たれている。

なお、鎌倉初期に紀伊国の守護となり、また同国三上庄の地頭であった豊島権守有経という者があり、一方で豊島系図によると朝経の子が有経となっているが、この両者が同一人とは考えられない。豊島権守有経は別系統のものであろう。

朝経の子孫は、本拠地たる豊島庄を中心に石神井川上流一帯の地に所領を拡大したが、とくに朝経五代の孫泰景は鎌倉末期に、宇多重広の手から石神井郷を相伝し、そこに館を築いた。現在練馬区石神井台にある石神井城跡がその館跡であり、城跡の背後には豊島氏代々の菩提寺であった道場寺（曹洞宗）がある。

葛西清重の生涯

御家人としての豊島氏がさほどの活躍を示さなかったのに対し、葛西清重は頼朝時代にかなり顕著な動きを示している。

治承四年（一一八〇）十一月、頼朝は佐竹征伐の帰路、葛西清重の宅に止宿し、またこのとき武蔵国丸子庄を清重に与えた。また養和元年（一一八一）四月、弓箭にすぐれ、また隔心なき輩十一名を選び、寝所の近くに宿直させたとき、先に述べた榛谷重朝とともに清重もこれに加えられている。これらは、頼朝の信任がきわめて厚かったことを物語る。

一ノ谷合戦には参加しなかったようであるが、元暦元年（一一八四）八月に鎌倉を進発した源範頼の征西軍に、清重も参加した。この西征軍は兵糧の欠乏などにより苦闘するが、文治元年（一一八五）正月にようやく豊後国に渡ることに成功し、平氏軍の背後を抑えることができた。このとき、頼朝はとくに功労のあった御家人十二名に対し、特別に慇懃の御書を賜わったが、清重もその名誉をうけている。

また文治五年（一一八九）の奥州藤原氏征討にも従軍し、とくに伊達郡阿津賀志山の合戦では先登の七騎の中に加わり殊功をたてた。戦後、清重はその戦功により、伊（胆）沢郡・磐（岩井）郡・牡鹿郡以下、数ヵ所の所領を与えられ、また陸奥国の御家人のことを奉行（統制）すべきこと、ならびに平泉郡（岩井郡か）内の検非違所を管領すべきことを命ぜられている。清重に与えられた陸奥国御家人統制の職務は、のちに奥州総奉行と呼ばれるようになる。そして、ここに清重が得た所領や職務は、これ以後、中世を通じて葛西氏が奥州の雄族として発展する基礎となった。

同じ年の十二月に、藤原泰衡の遺臣大河兼任が出羽に叛乱を起こすが、翌年正月に清重は千葉胤正とともに、これの征討に成功している。

清重は藤原泰衡討滅後も、鎌倉に帰らず、奥州にとどまり、頼朝から陸奥国の国務に関することをも委ねられている。御家人の統制といい国務といい、いわば新しい占領地の軍政責任者の地位にあったと考えてよい。こうして清重は陸奥の支配・行政にかなりの成果をあげ、「国中静謐」を実現して、頼朝の期待に応えた。その清重が隣国出羽に叛乱の平定に乗り出したのは、征討を命ぜられた千葉胤正の強い希望によったためであると、『吾妻鏡』に述べられている。

建久元年（一一九〇）の頼朝初度の上洛のとき、後白河上皇の命により、頼朝は勲功ある御家人十名を推挙して任官させたが、清重はこのとき右兵衛尉となった。

こうして清重は頼朝の信任厚く、有力な鎌倉御家人の一人として、頼朝の公式の外出などにはつねに随従していた。さきに榛谷重朝や江戸重長に関連して述べた建久五年（一一九三）二月の北条泰時の元服の儀に、清重も臨席していたことは言うまでもない。頼朝在世中の葛西清重は、御家人の中でもとくに重用された存在で、おそらくは鎌倉に屋敷を構え、常住していたものと思う。

頼朝の死後、御家人間の対立が表面化し、まず梶原景時追放事件が起こるが、このとき清重はいうまでもなく諸御家人の結盟に加わっている。また畠山重忠討滅の際には、北条義時の率いる幕府軍の中で、清重が先陣をつとめて、同族の最有力者たる重忠を打ち破った。そして和田氏の乱でも幕府のために力戦し、後にその勲功の賞により壱岐守となった。

そして承久の乱では、すでに幕府の長老であったためか、鎌倉に残留し大江広元らとともに軍議に参画し、鎌倉幕府の難局を切り抜ける上に功があった。また元仁元年（一二二四）に執権北条義時の死後に起こった伊賀氏の乱では、尼将軍政子に協力してその鎮圧に力をつくしたと伝えられる。

このように葛西清重は、源家将軍三代及び将軍頼経に至るまで四十余年間、幕府の忠誠な御家人として、またつねに幕府の主流派の側に立つ有力者として、その生涯を送った。晩年は出家して壱岐入道と称したが、その没年については二説があり必ずしも明らかでない。すなわち一つは嘉禎三年（一二三七）十二月、八十一歳で死去したとする説（渡辺世祐・八代国治共編『武蔵武士』）と、他の一つは暦仁元年（一二三八）九月、七十七歳死亡説（『国史大辞典』吉川弘文館「葛西清重」の項）とである。前者はその根拠を示されず、後者は『盛岡葛西系図』に拠ったという。しかし、これらの説をとれば、先述の『櫟木文書』中の永万元年（一一六五）三月二十一日付の文書に、葛西御厨の本領主として現れる「葛西三郎散位平朝臣清重」なる人物をどのように理解するかの問題が残る。これが同一人ならば、永万元年には前者の説では九歳、後者の説では四歳で、いずれにしても幼なすぎるであろう。この文書は写しなので、人名や年月日に何かの誤りがあるのか。葛西御厨に関する文書であり、秩父一族で鎌倉御家人たる葛西氏と関係する史料であることは確かであるが、にわかには結論を出せない。清重の没年については不詳としておきたい。

ところで、この葛西清重の居館址といわれるものが、現在の葛飾区四ツ木に残っている。すなわち、西光寺である。中世以後、葛西とよばれる地域は現在の葛飾・江戸川・墨田・江東の四区にまたがるところの、当時の太井川の西側にあたる地域である。したがって葛西御厨の全部または一部がこの地域にあったことは疑いなく、その在地領主たる葛西清重の居館がこのあたりにあっても不当ではない。この西光寺の創立は嘉禄元年（一二二五）とされており、寺伝によれば、親鸞が関東布教のおりに清重の館に滞在し、そのとき清重は親鸞に帰依して弟子となり、自ら開基となって館の一隅に寺院を創建し西光房と号したという。またこの西光寺の近傍に、葛西清重の墓所と伝えられるものが残り、寛永八年（一六三一）に造立された五輪塔が建っている。

三　源家譜代の武士たち

1　足立遠元とその一族

源家譜代の家人、足立遠元

石橋山の敗戦ののち、安房に逃れた頼朝が再起をはかり、やがて房総地方一帯の在地武士を大きく組織し、数万の大軍を率いて武蔵国に進入したのは、治承四年（一一八〇）十月二日のことである。この日、隅田宿に豊島清光・葛西清重らが直ちに参上したことは前章に述べたが、その同じ日に足立右馬允遠元もまた頼朝を迎えるために参向している。『吾妻鏡』は、この遠元の動きについて、「兼日、命を受くるに依り」と説明している。またその同月八日条には、「足立右馬允遠元、日ごろ労あるの上、最前の召に応じて参上するの間、郡郷を領掌すること、違失有る可からざるの旨、仰せらる」との記事がある。

これらの記事によると、足立遠元は、あらかじめ、隅田の渡に参向すべく命ぜられていたことがわかる。そしてまた、頼朝が武蔵入りを果たした直後に、遠元が領有していた郡郷について、その領掌権を安堵していることもわかる。ここでいう郡郷とは、いうまでもなく足立遠元の名字の地たる武蔵国足立郡内の諸郷に相違ない。

このような頼朝の態度や、遠元の動きから見ても、遠元が源家譜代の家人たる在地武士の一人であったことを察することができるが、実際に遠元は、以前、頼朝の父義朝に従った武士であった。

保元の乱に際し、義朝の麾下に多くの武蔵武士がいたが、現存の記録による限り、そこには足立遠元の名は見えない。しかし、平治の乱では、義朝に従って大いに活躍している。

すなわち、『平治物語』によると、遠元は悪源太義平に従う十七騎の精兵の一人として、その武勇をあらわしたという。

平重盛・頼盛らに率いられた三千余騎の平氏軍が、義朝の防備する内裏に攻めかけたとき、源氏軍がさし固めていた陽明・待賢・郁芳の三門のうちの郁芳門を受けもっていた悪源太義平以下は、待賢門が破られたと聞き、直ちに十七騎轡をならべて馳せ向かい、勇戦してついに重盛以下の平氏軍を撃退し、さらに六波羅へと押し寄せたのである。

この十七騎の中には足立遠元のほか、斎藤別当実盛・岡部六弥太忠澄・金子十郎家忠・熊谷次郎直実・平山武者所季重ら、七、八名の武蔵武士がいた。

六波羅の合戦で、この金子家忠も奮戦したが、矢尽き弓折れ、しかも太刀さえ折って戦うすべを失ったが、たまたま近くにあらわれた足立遠元に向かって、替の太刀があったら賜わりたいと乞うた。

悪しく遠元は替の太刀がなかったが、家忠の苦境を救わんとして、前を馬で進ませていた郎等の太刀を取って、家忠に与えた。家忠は大いに喜び、さらに懸け入って、多くの敵を討ちとった。

このとき、主人に太刀をとられた郎等は、「日来から、物の用にもたたない者と思っていればこそ、こんな合戦の最中に太刀を取りあげ、他人に与えるのであろう。これほど見限られては、御供しても何の役に立とうか」といって、その場を去ろうとした。そのとき遠元は、その郎等に「しばらく待って居れ」といって、馳け出で、たまたま現れた一騎の敵に挑んで、矢をその内甲《うちかぶと》に射立て、馬から落ちたところに走り寄って敵の太刀を奪い、郎等に与え、再び前を進ませた。『平治物語』は、このことを述べたあと、遠元の行動について、「か丶る軍《いくさ》の中にして、太刀を金子にとらせけるこ丶ろのうちこそやさしけれ」と、先陣の功を競う合戦の中で示した、この遠元の友愛の情を讃えている。

こうして、この合戦は武蔵武士たちの勇戦奮闘にもかかわらず敗北に終わった。遠元は義朝に従って近江まで逃れたが、「東国で再び参会せん」との義朝の言葉に従って身の暇をたまわり、足立郡に帰って蟄居することとなった。

以上は、『平治物語』に述べられたところで、どこまでが歴史事実かはわからない。しかし遠元が、他の武蔵武士たちとともに源義朝の家人として、平治の合戦に参加したことまでを否定することはできない。

足立遠元は、確かに頼朝の父義朝の家人であった。第一章に述べたように、関東には十一世紀の源頼義・義家以来、源家との譜代の主従関係をもつ在地武士が多かった。武蔵の在地武士も例外ではなく、とくに保元・平治の乱の頃の源義朝の軍勢の中では武蔵武士が主流で、その数でも他の国々の武士を圧倒している。その中には、頼義・義家時代からの譜代の家人も多かったと思われる。

しかし、足立氏の場合、その源家との主従関係がどのようにして生まれたかは全く不明である。源義朝と足立遠元との主従関係が突如として成立したとするのは、十二世紀半ば頃までの関東の情勢を考えても、少なからず無理のようだから、遠元の父祖の時代からの譜代の主従関係が想起されるが、それを示す史料も見当たらないので、ここで追究することは不可能である。しかし、頼朝にとっては、足立遠元が譜代の家人であること、言うまでもない。

足立氏の系譜と足立郡

それではこの足立遠元は如何なる系譜をもち、その本拠地や勢力圏はいずれの地域にあったか、次にその点を考えよう。

足立氏の出自について、『尊卑分脈』では藤原北家魚名流とし、魚名の五世の孫山蔭より出たとする。そして山蔭の後、七代を経て国重があり、国重のあと遠基の子息に至るまでを次のようにしている。

①国重—兼盛(広)—盛長
　　　　　　　　—遠兼—遠基—基春
　　　　　　　　　　　　　　—遠景
　　　　　　　　　　　　　　—遠村

また足立氏系図（『浦和市史』第二巻所収）では藤原北家勧修寺流とし、高藤のあと五代を経て定忠に至り、その後は次のようになる。

②定忠—忠兼—遠兼—遠元—元春
　　　　　　　　　　　　—盛長

このいずれが、より信憑性があるかということになると、実はいずれも疑わしいとせざるを得ない。まず両者を比べて見ても、共通するのは、「遠兼—遠元」の部分だけで、その父祖の名は全く異なる。また、①では盛長を遠兼の兄としているが、②ではこれを遠元の子としている。そして盛長は『尊卑分脈』では鎌倉御家人で源頼朝の信頼の厚かった安達藤九郎盛長として扱っているが、この安達氏が全く別の氏族であることは『吾妻鏡』の記事などを見ても明白な事実である。

このように考えると、この二つの系図は、いずれも後世に藤原氏と結びつけるために、適宜に作られたものとせざるを得ない。

遠元について、『吾妻鏡』では右馬允藤内遠元あるいは藤原遠元と呼んでいる個処があるから、足立遠元自身が藤原姓を称していたことは充分考えられる。しかし実際に藤原北家魚名流、あるいは勧

足立氏系図

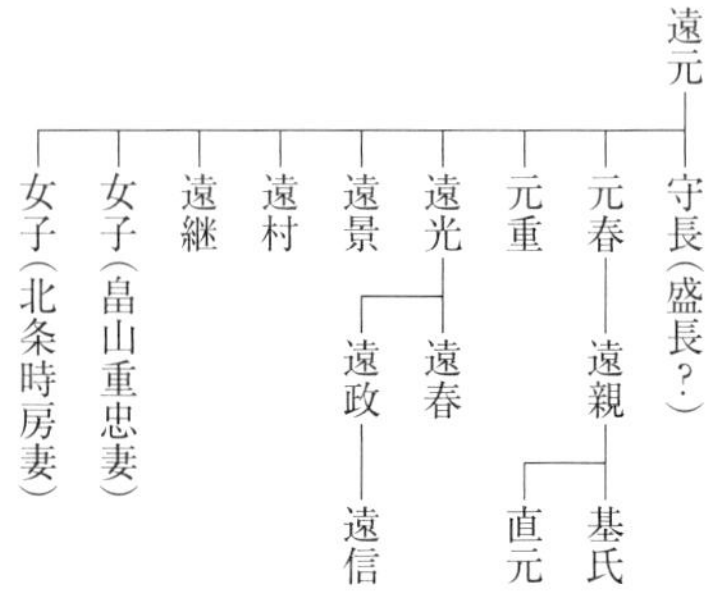

修寺流に系譜をもつものとはいえまい。ただ「足立氏系図」には、遠兼について、「武蔵国足立郡住」とあり、遠元について、「足立と号す、母は豊島平傔仗泰家女、外祖父泰家、足立郡地頭職を譲与す、依て一円知行」と註記しているところを見ると、遠兼・遠元が足立郡と深く関係したことを強調しているかに見える。なお、ここに名があらわれる豊島泰家は、前章で見た豊島清光の父であろうが、その泰家が実際は足立郡地頭職を有していたというのは、はなはだ疑わしい。それ以上に、彼の時代に「郡地頭職」という名称が行われたとも考えられない。その点からも、この系図の作成年代がかなり新しく、内容も創作が多いように思われる。

しかし、もし遠兼・遠元が藤原を称していたとすれば、それは足立氏が藤原氏との婚姻関係とか、政治的結合関係とか、何らかの理由で藤原の姓を冒《おか》したものであろう。それを明瞭に示そうとして後世に偽作したのが、現存する足立関係の系図であろう。

ところで、それならば足立氏は如何なる出自かといえば、確実なことはいえないが、おそらく足立郡に成長した地方豪族で、いつの頃からか足立郡の郡司職を継承したものであろう。そして、十二世紀の遠兼・遠元の時代に、足立郡一帯に領主的支配をひろめ、有力な在地武士として成長したものと

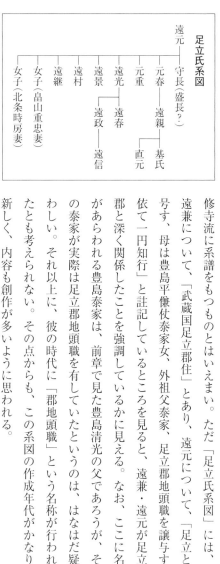

思われる。

ところで、中世の足立郡は、現在の埼玉県の東南部および東京都足立区の全域を含む地域であった。当時、北及び東は、いま古荒川と呼ばれる流れ（古隅田川ともいう）及び古利根川により埼玉郡・葛飾郡に接し、西及び南は荒川を境に、大里・横見・比企・入間・豊島の諸郡に接する広大な郡であった。そしていまの足立区あたりは南足立郡、埼玉県に属する地域は北足立郡と呼ばれた。『和名類聚抄』によると、足立郡には、堀津《ほっつ》・殖田《うえだ》・稲直《いなお》・郡家《ぐんけ》・大里・余戸・発度《はっと》の七郷があったとするが、郡の中心の郡家郷はいまの大宮市付近で、それより南部地域は比較的開発が遅れていたらしい。

中世初期、足立遠兼・遠元らにより郡内の開発を進めたらしいが、この時期の郡内の情況はほとんどわからない。しかし、室町・戦国時代になると、足立郡は大宮を境に北部地域を上足立三十三ヵ郷、南部地域を下足立三十三ヵ郷、すべて六十六ヵ郷とされている。鎌倉時代から南北朝時代にかけて、大いに開発がすすんだのであろう。

鎌倉初期の足立遠元の頃は、その居館が桶川にあったと伝えられ、現在の桶川市川田谷にある三ッ木城址は、遠元の築造にかかる館跡といわれている。そして『足立氏系図』によると、遠元の子息たちのうち、元重は「淵江田内」と号し、遠景は「安須吉」、遠村は「河田谷」、遠継は「平柳」とそれぞれ号したとある。これらは、父遠元から分与された所領を名字の地としたものであろうが、これらの地名を現在の地名に比定すると、淵江は東京都足立区内の地名、安須吉は上尾市畔吉、河田谷は桶川市川田谷、平柳は川口市元郷内にあった旧平柳村であろうとされている。

これらは遠元の所領一部が分割譲与されたものであろうが、これだけ見ても彼の所領が郡内にひろく分布していたことがわかる。それは、足立氏が足立郡の郡司職を掌握することにより、足立郡のほぼ全域を支配し、それを本領とする豪族的な在地武士へと成長した結果であろう。

足立遠元は、足立郡全域に所領をもち、源家の家人として源義朝からその所領支配を保証されていたのであろうが、平治の乱の敗北により、その本領も平氏のために没収されたものと思われる。それなればこそ、関東一帯の支配を実力によって実現し、いわば簒奪《さんだつ》の政治権力を樹立しようとしていた頼朝が、その武蔵経略のはじめに、足立遠元の最前の参向に対する恩賞として、彼が本来もっていた足立郡諸郷の領掌権を安堵したのである。

こうして、武蔵国のほぼ中央に位置し、比較的広大で、また豊饒な地域を占める足立郡を本領とする足立氏は、武蔵武士たちの中でも、かなり大規模な在地領主であり、強力な武士団を維持したものとすべきであろう。

文武兼備の宿老

足立遠元は、さきに平治の乱のはじめ、藤原信頼・源義朝らのクーデターが成功して、一時政権を掌中にしたときの、平治元年（一一五九）十二月十日の除目で右馬允に任ぜられていた。そしてこの合戦での敗北で、本領に逃れ帰ったのちも、そのまま右馬允を称していたようである。したがって、彼は源家再興、幕府創立の当初から右馬允遠元として、『吾妻鏡』の記事などにあらわれる。のちに、建久元年（一一九〇）十二月、頼朝が上洛した際に、十人の御家人を衛府の尉に推挙したとき、遠元は左衛門尉に任ぜられたのである。

源家譜代の家人として、頼朝のもとで幕府創始に協力した遠元ではあるが、彼が平氏追討の西征軍に加わって戦功をあげたとする記録はない。この時期には鎌倉にとどまって、もっぱら頼朝を補佐していたものと思う。彼ははじめから鎌倉に屋敷を構え、常住していたらしい。

元暦元年（一一八四）六月、鎌倉に来ていた平頼盛が、近く帰洛するというので、頼朝が餞別の宴を催した。このとき、遠元は「京都に馴れるの輩」の一人として、小山朝政・結城朝光・三浦義澄・畠山重忠らとともに、召されて出席している。「京都に馴れる」とは、都の様子や都の生活を良く知っているといった意味である。遠元は、かつて源義朝に従って、数年の間、京都で生活したのであろう。また文治二年（一一八六）正月のことであるが、一条能保夫妻（妻は頼朝の妹）が帰洛するとき、遠元の家に頼朝夫妻が赴いて別れの宴を催し、またそこから出発している。遠元が京都の人々をたくみに接待することに慣れていたのであろう。京都の人々と接するには、詩歌管絃の道にも通じていなければならない。遠元も、畠山重忠・工藤祐経らと同じに、文武兼備の武士であったのである。

しかも、義朝に仕えていたほどであるから、年齢も頼朝より年長であり、畠山重忠・小山朝政らの少壮気鋭の人々と比べれば、はるかに経験豊かな、老練な御家人であった。

元暦元年（一一八四）十月六日に、頼朝はその家政機関として公文所を設けたが、遠元は中原親能・藤原行政・大中臣秋家・藤原邦通らとともに公文所の寄人となった。遠元以外はすべて京下りの官人であり、遠元は武士として唯一人これに加えられたのである。それは遠元が行政的事務にも堪能であったことを示している。彼は公文所（のちに政所）の別当大江広元のもとで、幕政上、大いに貢献したに相違ない。

『吾妻鏡』を通覧すると、遠元は、幕府の重要行事にほとんど参加していたことが知られる。そして、文治三年（一一八七）九月九日、頼朝が政子とともに比企尼の家に赴いたときの記事に、「義澄・遠元以下、宿老の類御共に候ず」とあり、遠元は三浦義澄とならんで、御家人中の宿老とされていたことも確かである。

頼朝の死後、将軍頼家の訴訟親裁を停止して、有力御家人及び幕府官僚十三名の合議制がつくられたとき、足立遠元もこれに加えられた。武蔵武士では、彼のほか頼家の外戚であった比企能員が加わっただけである。おそらくは幕府内の宿老として、また武蔵国の御家人の代表者の地位を保っていたのであろう。これ以後、諸御家人間の対立が激化する中で、北条執権体制確立への動きが展開し、武蔵の有力御家人も、比企・畠山、あるいは小山田一族などが滅び去っていったが、足立氏の幕府内での立場には変化がなかった。

足立遠元の死去の時期については詳らかではないが、『吾妻鏡』では承元元年（一二〇七）三月三日に幕府で鶏闘会があり、それに遠元が参加したという記事を最後に、その名が見えなくなる。おそらくは、これ以後間もなく死没したものであろう。

遠元の子孫に関しては、まず嫡流を継いだと見られるのが足立八郎左衛門元春であり、元春の子の木工助遠親、その子足立太郎左衛門尉直元、三郎左衛門尉元（基）氏らが、執権北条泰時・経時・時頼の時代の『吾妻鏡』の記事にあらわれる。彼等は鎌倉在住の御家人として、それぞれ遠元と同様に幕府人の勤仕に励んでいたと見られる。また遠親は、承久の乱の恩賞であろうか、讃岐国本山庄地頭職を有していた。

ところが、弘安八年（一二八五）十一月に霜月騒動（弘安合戦）、すなわち外様《とざま》御家人の代表者安達泰盛と得宗（北条嫡流家）御内との権力抗争が起こったとき、足立直元は泰盛方につき、敗れて自害した。ここに足立氏の嫡流は没落し、足立郡は北条氏の所領となった。そしてこののち、残された一族は北条得宗の家人となったようである。

なお、「佐田文書」正応三年（一二九〇）十月四日付、関東下知状によれば、元氏の子、足立五郎左衛門尉遠氏に、豊前国佐田庄地頭職が与えられていたことがわかるが、これもおそらくは、この事件によって没収されたものと思う。

また足立遠元の子孫で庶流の系統としては、元春の弟遠光から出た系統があり、遠光の子の右衛門尉遠政、その子兵衛尉遠信が、その名を『吾妻鏡』に見せる。この系統の足立氏は、遠光または遠政が承久の乱の勲功賞として、丹後国佐治庄地頭職を与えられ、現地に移住して発展をとげた。『吾妻鏡』によると、嘉禎元年（一二三五）七月、叡山の衆徒が日吉の神輿を動かして入洛したとき、遠政・遠信父子が先陣となってこれを禦いだため、衆徒の要求により遠政が備後に配流されるという事件があった。この時期にはすでに丹波の所領に赴き、また在京御家人として活躍していたのであろう。

なお『足立氏系図』に見える遠景は、伊豆国の御家人天野遠景であるが、遠元の養子となり、その遺領の配分に預ったものという。

2　大河戸氏と大河土御厨

源家相伝の家領

前九年・後三年の両役を通じて、武勇の棟梁としての地位を確立した源頼義・義家が、東国武士の間に強い影響力を及ぼし、彼等との間に武的主従関係を作り上げたことは、すでに定説となっている。とくに源義家以来、源義朝の時代に至るまで、その間にいくつかの転変があったとはいえ、源家は東国に勢力を保ち、その在地武士たちの上に人的支配を実現してきた。それは十一世紀末から十二世紀前半を含めての時代で、東国では多くの在地武士が成長し、中世的な土地支配・土地経営を目指しながら、独自の武士団を形成しつつあった。

そのような東国で、頼義・義家以来の河内源氏が、その勢力圏を作り上げるとき、その方法の基本は武的権力による人的支配、すなわち主従的支配の実現にあった。しかし、勢力権を強化し、いわゆる領主的支配を確立するには、その主従的支配の裏付けとなる土地支配が行われねばならない。その考え方の上にたって、十二世紀前半頃の源家の東国における土地支配の形態はどうかというと、かなり不鮮明ではあるが、源家自体の所領、あるいは直接支配の土地を確保するという形態ではなく、その人的支配の下にある武士を通しての、土地の間接的支配であった。それはこの時代の特色であり、封建的な領主支配が成立する以前の、いわば過渡的形態であったともいえる。源家が東国に勢力をもったといっても、その内容は、東国武士を主従的支配の下におき、主として軍事組織を強化していったにすぎない。言いかえれば、東国において多くの土地を領有し、そこに独自の所領を持ったわけではなかったのである。

とはいえ、源家が領有する土地が全くなかったわけではない。それに関する史料は少ないが、たとえば、安房国丸御厨は源頼義が最初に朝恩により得たところの所領で、源家嫡流の相伝の所領であった。もちろんこの地には在地領主としての丸氏が存在したが、頼義が得たのは、その上に設定された荘園領主的な領有権であろうが、それが公認された家領であったことは疑いない。そして源義朝はその家領を相伝知行し、その領主権の一部を伊勢大神宮に寄進して、丸御厨が成立したのである。

この丸御厨とともに、東国におけるもう一つの源家相伝の家領として、史料的にも明らかにされるのが、武蔵国の大河土（戸）御厨であった。『吾妻鏡』元暦元年（一一八四）正月三日の条には、頼朝がこの地を豊受大神宮に寄進したときの寄進状が収録されており、それによると、この大河土御厨が源家相伝であること、平家が政権を握っていた時代に、平家がその知行権を奪っていたこと、そして頼朝の寄進の時点において地頭が存在していたことがわかる。ここでいう地頭とは在地領主のことであり、頼朝の家人の中に大河戸広行がいるので、この大河戸氏が御厨の根本領主であったと思う。そして頼朝が家領として相伝してきたのは、この地に対する荘園領主（領家）としての知行権であったに相違ない。

なお、この寄進状は伊勢外宮に対する寄進状であるが、建久三年（一一九二）八月の神領注文（『神宮雑書』）には内外二宮領となっている。内宮領として御厨になったのは、頼朝以前の、おそらくは義朝の時代であったかも知れない。

大河土御厨の領域

中世の大河土御厨については、『吾妻鏡』に若干の記事があるのみで、史料がほとんどないので、その詳細はわからない。しかし右に述べた頼朝の寄進状により、この御厨が武蔵国埼西（埼玉）郡と、足立郡とにまたがる地域を占めていたこと、また『吾妻鏡』の建保元年（一二一三）五月十七日の記事により、この御厨内に八条郷という地域が含まれていたことはわかる。

大河土御厨の名称が、現在の古利根川の東側、北葛飾郡松伏《まつぶし》町の北部にある大川戸の地名に由来することは確かであり、おそらくこの松伏町一帯が大河戸御厨の中心地であったであろう。しかし、現在は県指定の天然記念物である大銀杏のある大川戸八幡神社や、その近くの光厳寺にある正安年間（一二九九―一三〇二）の帰依仏塔（一・八メートルの板牌、帰依仏の字は鎌倉末期の禅僧一山一寧の書と伝えられ、もと古利根川の堤にあったものをこの地に移した）、またここより古利根川を少し下った左岸地区、松伏町上赤石の源光寺にある正安二年の帰依仏塔などに、わずかに鎌倉時代の歴史がしのばれるのみである。

また八条郷は、江戸時代以降は八条領といい越谷領東南の三十五村の総称とされ、また条村ともいわれた。現在の越谷市の東南部と草加市の北東部一帯、すなわち元荒川・古利根川及び綾瀬川に囲まれた地域である。

さらに現在の越谷市域のほぼ中央、市街地の東側にある久伊豆《ひさいず》神社については、『吾妻鏡』に、「建久五年六月三十日、武蔵国大河戸御厨において、久伊豆宮の神人らの間で喧嘩騒動が出来したという通報があり、頼朝はこれに驚いて、これを調べ処置されるために、二階堂行光を下し遣わされた」という記事がある。これにより現在の越谷市中央部の地域も大河土御厨に含まれていたことが確かめられる。

以上僅かな史料と文化遺跡とを綜合して考えると、中世初期における大河土御厨の領域がおぼろげながら推定されるであろう。

まず、当時の大河土御厨に含まれると考えられる地域について、その概略を現在の地勢の上で考えてみよう。

現在の河川の流れが、中世のそれとかなり変化していることを念頭におかねばならないが、当時の足立郡と埼玉郡の境界であった元荒川が、いまの岩槻市・越谷市を東南方向に貫流し、やがて北葛飾郡吉川町の近くで、南流して来た古利根川と合流する。その合流点より北に八キロほど古利根川を遡ったところが現在の大川戸であり、そのあたりを含めて、いまの松伏町一帯が御厨の中心地域と考えられるが、その北限は確定できない。春日部市あるいは庄和町の一部も含まれたのであろうか。また合流点より西方の元荒川流域では、少なくとも現在の越谷市域の大部分が領域に入ったと思う。元荒川の右岸、当時の足立郡の一部が含まれていたことは、さきの寄進状が示している通りである。さらに合流点より南の、古利根川流域については、その西側地域がさきに見た八条地域であるから、西は大体綾瀬川の線まで、南へ少なくとも草加市北部を含む地域を考えてよい。そして古利根川の東側地域は推測すべき根拠もないが、地形から考えると、現在の吉川町の西半部ぐらいは領域内に入るのではなかろうか。

以上を現在の行政区画によって考えると、古利根川の東岸地域は、南から北葛飾郡吉川町・松伏町から庄和町（？）に至る間であり、その西岸地域は、草加市・越谷市及び春日部市あたりまでの領域となる。これはあくまでも推測であるが、大河土御厨がかなり広大な地域に散在する土地から成っていたとの伝承もあるので、この程度の領域を考えてもよいのではないかと思う。

大河戸氏の動向

源氏相伝の家領という大河土御厨の根本領主が大河戸氏であったことは、ほぼ異論のないところである。そして、この家領が頼義・義家の時代からの源家領であったとするならば、大河戸氏は当然のこと、源家と譜代の主従関係を持っていたことになる。

この大河戸氏は、『尊卑分脈』によれば藤原秀郷流の大田氏より出たという。そしてその系図を信ずるならば、大河戸氏は上野国の足利氏、あるいは下野国の小山氏、下総国の下河辺氏などと同族ということになる。

またこの『尊卑分脈』の系図には、行光を大田四郎とし、その子行方に「大河戸下総権守と号す、母は秩父太郎重綱女」と註記している。行光または行方の時代に大河戸氏を称

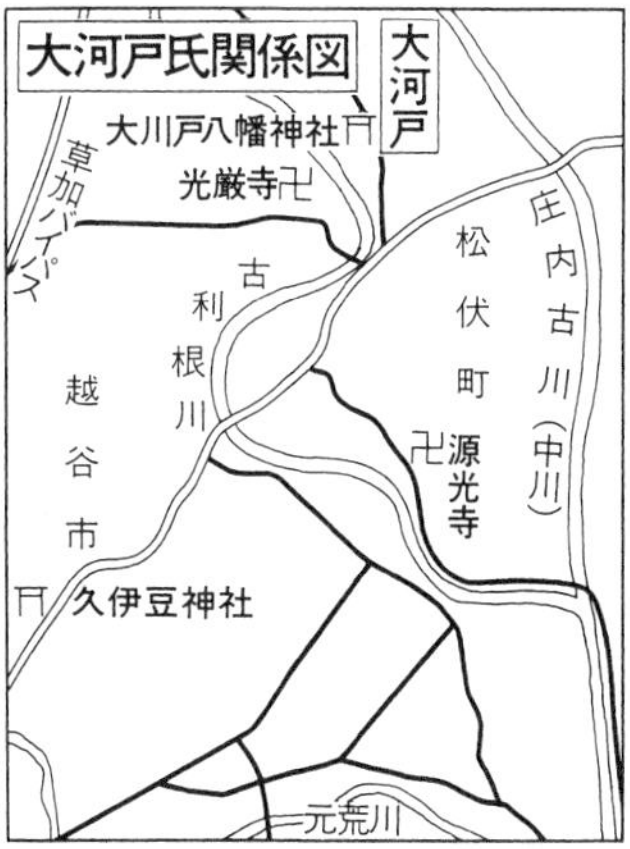

大河戸氏関係図

大河戸氏一族系図

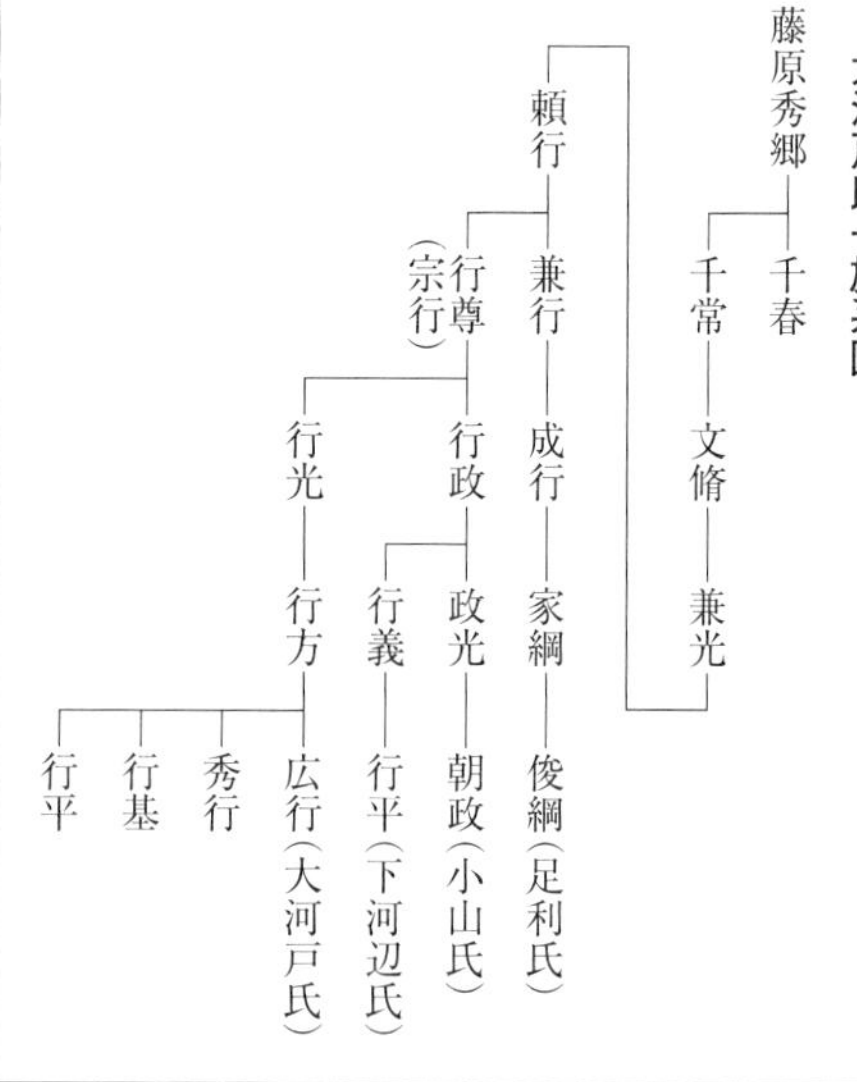

したことになるのである。

一般に、こうした鎌倉武士の系図は後の時代に作られたのであるから、各家々の同族的関係については、必ずしも信憑性があるとはいえない。しかし大河戸広行ら兄弟の名は『吾妻鏡』にも見えるので、その存在は疑うことができず、広行の数代前から大河戸を名字の地として、この地方に支配を広げた在地領主であったことは確かであろう。

ところで、『吾妻鏡』で大河戸広行らの名がはじめてあらわれるのは、養和元年（一一八一）二月十八日の記事である。それによると、「大河戸太郎広行・次郎秀行・三郎行元・四郎の四兄弟が、日ごろ頼朝の勘気を蒙っていたが、この日に許された。この広行は三浦義明の聟であり、そのよしみで三浦義澄が彼らを預り守護していたので、義澄が彼をつれて、頼朝のもとに参向した。頼朝は簾の中から彼等を見たが、何れもすぐれた武士の面体をしていたので、頼朝は非常に感じ入った。彼等の父の下総権守重行は、平家方についていたために罰せられ、去年伊豆国蛭島に配流されていたが、このと

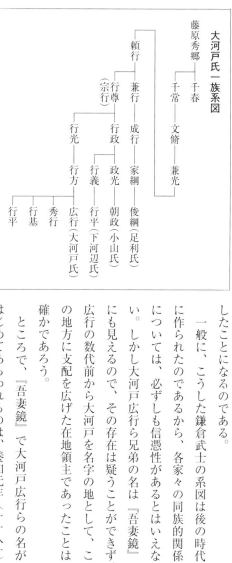

きに特別に赦されて召還されたところ、その途中で病を発し、ついに死亡した」ということであった。この記事は、いろいろと興味ある重要なことを教えてくれている。まず彼等の父下総権守重行（系図では行方となっているが同一人であろう）が、三浦義明の女婿であったという事実である。相模国の雄族三浦氏と婚姻関係をもったからには、武蔵国の大河戸重行も、それなりの有力豪族であったはずである。そして頼朝がその挙兵の際に、とくに頼りとした三浦一族は源家譜代の家人であり、大河戸重行も同様な譜代関係を有していたはずである。ところが、三浦一族の行動とは反対に、大河戸重行は大庭景親等とともに平氏側に属し、頼朝に敵対した。おそらくは武蔵の最有力な武士団であり、また母方の親族である秩父一族の動きに、同調せざるを得なかったのであろう。また平氏が知行権を掌握してしまった大河土御厨の在地領主として、はじめは平氏側に追随せざるを得なかったのかもしれない。

頼朝が事実上、南関東一帯を制圧したときに、重行は秩父一族のような巧みな転身をなし得なかったのであろう。頼朝が、この譜代の家人と見ている大河戸氏の動きを強く咎め、重行を伊豆に配流したのは当然の措置であった。そして、重行の子息たちも、おそらくはこの件と関連して頼朝の勘気をうけ、三浦義澄に預けられたのであろう。そして、義澄のとりなしなどもあって、この日に罪を免ぜられたのである。

なお、この『吾妻鏡』の記事には、広行の三人の弟について、秀行は清久《きよく》と号し、行元（基）は高柳と号し、行平は葛浜《くずはま》と号すと記されているが、これも、この時期における大河戸氏の土地領有の範囲を知る上で役に立つ。すなわち嫡流の広行は本領たる大河土の地を継承したが、他の兄弟はそれぞれに父重行から分割譲与された所領を名字の地として、その地名を称していたことがわかるからである。言いかえれば、これらの地域は大河戸氏の支配領域の中であったということになる。

そこで、これらの地名を調べると、まず清久は、古利根川を大きく遡り、南埼玉郡の北端に近く、現在の久喜市の西北部にその地名が残っている。高柳はこの清久から、さらに六、七キロ西北で、当時の北埼玉郡の南端に近く、いまの加須《かぞ》市の西北部の地域と、もう一つは栗橋の南西、加須市に接するところに、その地名があるが、おそらく前者であろう。そして葛浜とは、現在の加須市街地の北の三俣・不動岡あたりを含む地域の、中世の郷名であったという。

これらの地域は、いずれも古利根川またはその支流の流域であり、現在の大川戸地域からは、かなり上流の地である。大河戸氏はおそらく古利根川に沿って、その流域に多くの開発私領をもち、勢力圏を形成していたものであろう。

ところで、頼朝に見参して鎌倉御家人の列に加わった大河戸太郎広行は、元暦元年（一一八四）二月の一ノ谷合戦では、源義経の麾下にあって戦っている。そして約半年後に鎌倉を進発して平氏征討に向かった源範頼の軍勢にも、広行は弟の三郎行元とともに加わっていて、翌文治元年（一一八五）正月に範頼が豊後に渡ったときの『吾妻鏡』の記事にも、「同時に進渡之輩」として兄弟の名が見える。また文治五年（一一八九）七月の奥州征討のときも、広行は頼朝に従って参加した。

建久元年（一一九〇）十一月、頼朝の初度の入洛の際には、大河戸の四兄弟が揃って後陣の随兵（一三八名）の中に加えられている。この供奉の武士たちの間での大河戸広行らの配置を見ると、彼等はごく一般的、平均的な御家人として扱われていたことがわかる。彼等の年齢が若かったことにもよろうが、入洛の行粧《こうしょう》を整えた中でとくに抜擢されて先陣をつとめた畠山重忠や、後陣の梶原景時・千葉常胤などの有力御家人とは、その格において一歩譲るものがあったと思われる。

その五年後、頼朝が再度上洛し、東大寺供養に赴いたときには、四郎行平を除く三兄弟が前陣の随兵として供奉したが、さきの場合と同様な序列に置かれている。

大河戸一族は、このような一般的御家人グループの中にあったためか、『吾妻鏡』にその名を見せることは比較的少ない。ただその中で、元久二年（一二〇五）七月、畠山重忠戦死の翌日、重忠謀叛が無実であったことが明白となり、その畠山謀殺の主役を演じた稲毛重成・榛谷重朝兄弟が討たれることになったが、この際に稲毛重成を誅殺したのが、大河戸三郎行元であった。

なお、大河戸太郎広行と次郎秀行は、さきの建久六年（一一九五）三月の東大寺供養の記事以後、『吾妻鏡』に見えず、また四郎行平は、建久二年（一一九一）二月四日の記事までで姿を消す。そして三郎行元についても、右の重成誅殺の記事が最後である。いずれも、それぞれの記事にあらわれたときから近い頃に、出家または死去したのであろうか。

そして正治二年（一二〇〇）閏二月八日、将軍頼家が伊豆国藍沢原で狩をしたときの記事に、大河戸太郎重澄の名が見え、以後、大河戸太郎兵衛尉として、おそらくは重澄であろう人物が延応元年（一二三九）正月五日に至るまで、数ヵ度将軍の随兵の中に姿を見せる。太郎重澄は大河戸広行の嫡子であろうから、広行はおそくも正治二年以前に死去したものとすることができよう。

秀行・行元・行平については全くわからないが、『尊卑分脈』の系図では、秀行のあと、秀綱・秀胤と続いたことが示されている。大河戸氏は、源家譜代の家人ではあったものの、頼朝挙兵の際に、重行がその去就を誤ったためか、鎌倉御家人としてはとくに優遇されることなく終わったといえよう。

3　比企藤四郎能員

比企一族の出自と中世初期の比企郡

将軍頼朝の時代の鎌倉幕府において、武蔵出身の御家人のうち、宿老的地位を得ていたといえるものに、先に述べた足立遠元とならんで比企能員があった。

武蔵の御家人の多くは、その出自についてかなり明確な系譜をもつか、あるいは不明確で疑わしいものであっても、少なくも数代以前まではその系譜をたどることのできる伝承を具えている。ところが、比企能員や比企朝宗など、幕府内で比較的重要な地位を占めたに相違ない人人、すなわち比企一

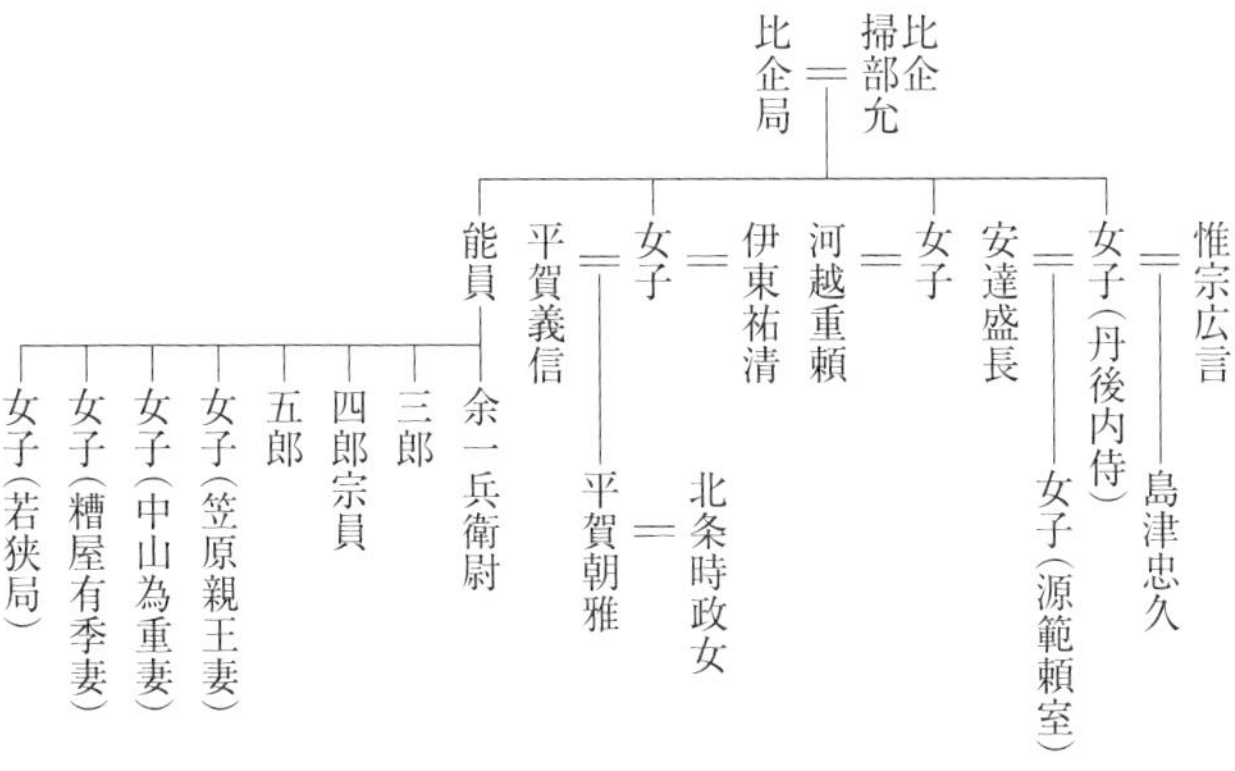

比企氏系図

族については、その正確な系図はもちろんのこと、出自についての伝承もほとんど残っていない。後に述べるように、この比企一族が比較的早い時期に族滅し、北条執権政治の時代に、その名残りすらをも徹底的に抹消されてしまったためであろうか。

　比企能員は、比企四郎とも比企藤四郎とも称し、比企朝宗は比企藤内と呼ばれていた。したがって比企一族が藤原姓を自称したことは確かであるが、一説に藤原秀郷の流れで能貴を祖とするなどとしているのは、藤原姓を前提としての、後世の仮託の説に相違ない。能貴なる人物は『尊卑分脈』には見当たらないし、またそれ以後、比企能員らに至る系譜は全く空白なので、信ずるに足りない。要するに、比企氏の系譜は不詳とせざるを得ないのである。

　そして、鎌倉時代の史料、とくに『吾妻鏡』によって明らかにされるのは、頼朝の乳母であった比企尼の存在と、この尼の甥で、その猶子となった能員、そして同族とは思われるが能員との血縁関係が不明な朝宗の存在、また比企尼と伊豆配流中の頼朝との関係、あるいは比企尼の子女たちの婚姻関係くらいのことである。そこで若干の類推をも加えて、この比企氏の出自と源家との関係を考えてみよう。

まず、この時代の武家のならいとして、子女が生まれると、最も親睦な家人の妻を乳母に選んだ。比企尼が頼朝の乳母であったからには、その夫の比企掃部允（実名不詳、一説に遠宗としている）が、頼朝の父の源義朝の側近にあった家人であろう。また比企を名乗っているので、武蔵国比企郡を本拠とする武士であったことも確かである。しかしこの掃部允の父祖については定かでない。

この比企尼には三人の娘があった。長女ははじめ二条天皇に仕え、丹後の内侍と号して、すぐれた歌人であったが、惟宗広言に嫁して島津忠久を生み、後に関東に下って安達藤九郎盛長に嫁した。そこで生んだ女子の一人が源範頼の室となっている。二女は河越重頼の妻となり、源義経の室などを生んだ。三女は伊東祐清に嫁したが、祐清が討たれたのち、平賀義信に再嫁して朝雅を生んだ。

このような婚姻関係から推測しても、関東の在地領主＝東国武士の間での比企氏の位置がわかるであろう。

源義朝が、源家の家運を八幡太郎義家の盛時にもどそうと、鎌倉にあって関東の経略につとめ、次第に勢威をたかめていった頃、他の武蔵武士たちと同じく、比企氏もまたその家人となっていたに相違ない。そして、その義朝は、やがてその組織した武士団の力を背景に、都における武門の棟梁として活躍し始める。源頼朝が生まれたのは久安三年（一一四七）であるから、義朝の上京は、その数年前でなければならない。比企掃部允とその妻比企局も、義朝に従って京都に上ったものであろう。

やがて平治合戦に敗れ、平氏に捕えられた頼朝は、永暦元年（一一六〇）三月、伊豆に配流され、以後その挙兵に至るまで流人としての二十年を送ることになる。このとき比企局は夫とともに都を去り、武蔵国比企郡の中山郷に住し、伊豆の頼朝に生活の資を送るなど、温い手をさしのべていた。その頃、長女の夫の安達盛長が、終始頼朝の側近に仕えていたことは周知のところであろう。またこの間に比企掃部允は病死して、比企局は髪をおろして比企尼と呼ばれることとなる。

その後、鎌倉に幕府の基礎をひらいた頼朝は、この比企尼の忠節に酬いるため、彼女を呼びよせて鎌倉に住まわせた。その地を比企谷と呼び、その邸を比企谷殿と称した。またその頃、比企尼は甥の能員を推挙し、能員が御家人として頼朝の側近に仕えることとなった。

以上が、『吾妻鏡』の記事をもとに、また若干の伝承を援用しての比企氏と源頼朝との関係のあらましである。

ところで、比企掃部允夫妻が頼朝の配流ののち、比企郡中山郷に住したのは、おそらくこの地が比企氏の本領であったからであろう。このことについて『吾妻鏡』の寿永元年（一一八二）十月十七日の記事には、「武蔵国比企郡を以て請所となし、夫掃部允を相具して下向し、治承四年の秋に至るまで廿年の間、御世途を訪ひたてまつる」とある。この「比企郡を請所となす」の意味であるが、中世に請所というのは、荘園ならば荘園領主（領家）、国衙領ならば国司に対して、在地領主たる荘官や地頭が一定額の年貢を上納することを請負い、代わりに現地の管理を一切まかされる土地支配形態をいう。比企郡は、国衙領に相違ないから、比企掃部允は、国司（受領）に対する請所となったのであろうか。もしそうとすれば、比企氏が元来、在地の根本領主としての立場を保っていたからこそ、可能であったはずである。このことから見ても、比企氏が郡内に本来の所領、すなわち本領をもっていたものとすべきであろう。

そこで、次には武蔵国比企郡について述べねばならない。今日も比企郡は存在するが、多くの地域に市制がしかれたため、郡界を正確に知ることが、いよいよ困難になっている。そこで、ここでは、まず明治時代の郡境から考察をはじめるが、明治の頃の比企郡は、江戸時代の比企郡の大部分と横見郡とを併せたもので、郡の政治的中心は松山であった。

したがって、江戸時代の比企郡は明治の郡域から横見郡（中世には吉見郡とも称した。現在の吉見町及び東松山市北部を含む地域）を除いた部分であった。その郡域を現在の行政区画で示すと、東から順に、比企郡川島町・東松山市の大部分・鳩山村・嵐山町・滑川村・玉川村・都幾川及び小川町ということになる。

ところが、比企郡域はさらに時代を遡ると一層狭小になる。なぜならば、右の郡域は鎌倉後期に、本来の比企郡に北西側の男衾郡の地を併合した結果として形成されたものであったからである。

そこで中世初期、すなわち十三世紀はじめ頃までの比企郡といえば、かなり狭い郡域であったことになるが、『吾妻鏡』元久二年（一二〇五）六月の畠山重忠誅伐の記事の中に、重忠の菅屋（谷）館を小衾（男衾）郡としているので、この時期までは、この菅谷の地域（現在の嵐山町）より北西は男衾郡であったことも明らかである。すなわち、中世初期までの比企郡は、荒川と越辺川《おっぺ》にはさまれた地域を中心とし、南西は越辺川を境として入間郡に接し、東は荒川をはさんで北足立郡、そして北は横見郡、北西は男衾郡に囲まれ、西は深山幽谷の未開地によって秩父郡に連なるといった郡域をもっていたことになる。すなわち、現在の比企郡川島町と東松山市の区域が、鎌倉前期までの比企郡であった。

そして比企掃部允や比企尼が帰住したと伝えられる中山郷については、現在も川島町西部の越辺川の左岸地区に中山の地名が残るので、その付近の地域であったと推定される。このあたりが往時の比企郡の中心であったのであろう。それが比企氏の本領と推定できよう。

比企氏の本拠地については、この程度しかわからない。なお、有力な鎌倉御家人の一人となった比企能員が、やがて比企・入間・高麗の三郡を領したとする説も伝わるが、これを実証するに足る史料はない。

源頼朝と比企一族

比企郡に本領をもつ在地武士で、源家譜代の家人であった比企一門は、比企尼の不変の忠節心のこともあって、その譜代の関係は頼朝の時代には、いっそう親密さを増した。その一門を代表して鎌倉御家人に列したのは、比企藤内朝宗と比企藤四郎能員であったが、彼等は比企尼に対する頼朝の信頼度の高さのためか、はじめから優遇され、御家人社会の中に確固たる地位を占めていったようである。

頼朝の関東を地盤とする政権の基礎がようやく固まりつつあった寿永元年（一一八二）八月に、御台所北条政子が嫡男の頼家を出産した。その産所は比企尼の邸である比企谷殿であり、また頼家の乳母として比企尼の女の一人が召された。このとき頼家の乳母となった比企尼の女については、『吾妻鏡』の寿永元年（一一八二）八月十二日条では河越重頼の妻といい、同年十月十七日の条では能員の妻とし、また文治四年（一一八八）七月十日条では、武蔵守義信を乳母の夫、能員をその兄と記していて、いずれを採るべきかは断定できない。しかし、いずれにしても比企一門から頼朝の嫡男の乳母が出ているのであるから、源家と比企氏との親昵な主従関係が確実に継承したことは誤りないところであろう。

さて、御家人に列した能員も朝宗も、元暦元年（一一八四）はじめの木曾義仲討伐や一ノ谷合戦には参加していない。しかし、同じ年の五月、さきに誅殺された志水冠者義高（木曾義仲の子）の残党が、甲斐・信濃等の国で叛逆を企てているという噂があったとき、能員は河越・豊島・足立らの武蔵武士たちとともに信濃国に下向し、その凶徒を捜し求むべきことを命ぜられている。

また一方で、この四、五月の頃、藤内朝宗が若狭・越前以下の北陸道で、鎌倉殿勧農使として活躍していたことが明らかになっている。北陸道は義仲討滅以後に、頼朝の勢力圏に入った地域で、頼朝が新たに軍政をしいたものと思われるが、勧農使とは、そうした占領地域における治安維持と生産活動の促進という任務をもったものと考えられる。そして朝宗がこの任務についたことは、やがて彼が建久二年（一一九一）以前の一時期に、北陸道諸国の守護に補されたことと関係すると思われる（佐藤進一『増訂　鎌倉幕府守護制度の研究』）。

そして、この元暦元年（一一八四）八月八日に平氏追討のために鎌倉を発し西海に向かった源範頼の軍勢の中に、比企朝宗・比企能員が、ともに加わっている。この西征軍は山陽道を進んで、九州につき、平氏の背後を扼する計画であったが、進むにしたがい深刻な兵糧難におちいり、悪戦苦闘の中で次第に軍の士気が低下し、統制を失う有様であった。そして翌元暦二年（一一八五）正月末に、範頼軍はかろうじて豊後に渡ったものの、御家人たちは戦況の苦境にたえず、脱落して本国に引きあげようとするものさえ増えてきた。事態を憂慮した頼朝は、二月十六日と三月十一日に主要な御家人に対し、再度にわたって慰留と督戦の手紙を送った。

第一回のときは、北条義時・中原親能及び比企朝宗・能員の四人に宛てられ、第二回のそれは北条義時・小山朝政・葛西清重をはじめとする十二名に「慇懃の御書」が送られたものであるが、比企朝いた武士の一人であったことがわかる。比企の人々は、この範頼の征西軍の中で、頼朝が最も期待を寄せていた武士の一人であったことがわかる。

平氏滅亡後、朝宗・能員は他の将士とともに鎌倉に帰ったが、その後、とくに能員は頼朝の側近に侍していたらしい。文治元年（一一八五）五月、平宗盛以下の捕虜が義経に送られて関東に下り、頼朝は六月七日に宗盛を引見したが、その際には能員が中だちして頼朝の言葉を伝えている。

また一方では、文治二年（一一八六）八月に、比企藤内朝宗が後白河法皇の熊野詣の費用を諸荘園に催し課すことを表向きの目的として上洛している。しかし、この上洛の目的は行方をくらましている義経の探索にあったらしく、十二月には朝宗らが、郎従をして義経の与党と見られた南都の僧聖弘を監視させ、やがてこれを捕えて鎌倉に送っているのである。

ついで、頼朝の奥州藤原氏征討のとき、軍を三手に分け、頼朝の率いる大手の中央軍のほか、千葉常胤・八田知家を大将軍とする東海道軍と比企能員・宇佐美実政を大将軍とする北陸道軍を編成した。能員は上野国の御家人らを動員し、越後から出羽へと進撃することを命ぜられたのである。この北陸軍は文治五年（一一八九）七月十八日に進発し、上野・越後を経て八月十三日には出羽国念珠関に出て、藤原泰衡の郎従田河行文・秋田致文らを討ち、九月五日に陣岡で、頼朝の本軍と合体している。また、この奥州征討には、比企朝宗も従軍している。彼は泰衡討滅の目的が果たされたのちの九月九日に、岩井郡に遣わされ、清衡・基衡・秀衡らが建立した堂塔仏閣の員数その他の調査を命ぜられている。

なお、奥州平定の後に起こった大河兼任の乱に当たっては、再び海道大将軍の千葉常胤とならんで、比企能員が山道大将軍として奥州に遣わされている。その頃、能員は信濃・上野両国の守護であったため、北陸道あるいは山道の大将軍とされたのであろう。それにしても能員の武力と勢威が、千葉常胤と匹敵するほど強大であったことを察し得る。

この能員が頼朝の初度の上洛に従ったことはいうまでもないが、朝宗は何故か上洛に関する『吾妻鏡』の記事には見当たらない。そしてこのときに、能員は勲功ある御家人十名の中に選ばれて、右衛門尉に任官している。

頼朝以下が京都から鎌倉に帰ったのは建久元年（一一九〇）の暮であるが、明けて建久二年の三月四日、鎌倉に大火があった。小町大路あたりでの失火が、折からの烈しい南風にあおられて、たちまちに延焼し、幕府も鶴岡の社殿も灰燼に帰し、北条義時以下十名ほどの御家人の屋敷も類焼した。右衛門尉能員・藤内朝宗の屋敷も災をまぬがれなかった。

ところで、当時の能員の屋敷は、先に触れた比企谷殿ではなく、東御門にあった。文治元年（一一八五）八月三十日に勅使の廷尉藤原公朝が鎌倉に下着したが、『吾妻鏡』九月一日の記事によると、この東御門の邸が公朝の宿所とされている。比企谷殿は比企尼が用いたものらしく、先に述べた頼家誕生の際の産所とされたばかりでなく、この邸には頼朝夫妻が納涼のためや重陽の節句の遊興のためなどに、しばしば訪れている。このあたりにも、頼朝と比企氏の親近な関係がうかがえる。

さて、建久三年（一一九二）九月二十五日の記事に、比企朝宗の息女で、幕府の官女姫前という「顔容はなはだ美麗」で、頼朝に気に入られていた女性が、頼朝の斡旋で北条義時に嫁したことが見えている。これによって、朝宗は北条氏とも姻戚関係を作ったのである。

しかし、この朝宗は建久五年（一一九四）十二月十日、越前国志比庄を押領したと訴えられ、これを弁解する請文を書かされたという記事を最後に『吾妻鏡』から姿を消す。これ以後間もなく、頼朝側近の地位を失脚したのか、あるいは死去したのであろう。

そして、能員は建久六年（一一九五）三月の頼朝の再度の上洛のとき、それに先立って二月に千葉常秀とともに上洛した。これは行家・義経の残党が東海道あたりに出没するという噂があるので、あらかじめ駅々で仔細を調査し、場合によっては鎮圧すべきことを命ぜられたからであった。そして頼朝の京都滞在中、能員はつねに側近の御家人として供奉している。また鎌倉帰着の翌日、政子が能員の家を訪れ、上洛中の供奉の労をねぎらっている。こうしたことは、他の御家人に対してはほとんど見られず、比企能員の特別な立場を考えざるを得ない。

比企氏滅亡への途

この比企能員が、頼朝の嫡子頼家とその出生の当初から親密な関係にあったことは、頼家の乳母が比企一門の出であることから考えても当然のことと思われる。その頼家が成長するに従い、能員及び比企一門は、とくに積極的に接近していったものと思われる。頼家がとくに寵愛した側近の侍臣が数名あったが、その中には能員の子息の比企三郎（実名不詳）や比企弥四郎時員らがいた。また能員の息女若狭局は頼家に愛されて、その妾となり、建久九年（一一九八）には、頼家の長子一幡を生んでいる。

頼朝は正治元年（一一九九）正月に死去し、十八歳の左中将頼家がその跡を相続したが、すでに述べたように頼家の独裁をとどめ、幕府の宿老たち十三名による合議体制が生まれた。幕府内ですでに枢要の地位を得ていた比企能員がこれに加わったことはもちろんである。

しかし、頼朝の死により、ようやく表面化してきた有力御家人間の対立といった情況の中で、この合議体制は幕府内部における諸勢力の均衡を保ちつつ、将軍独裁に対する御家人の不満を緩和せんとする一つの方策といった意味合いをもっていた。しかも、この体制の中で、やがて幕府の実権を掌握しようとする北条氏が、大江広元に代表される幕府官僚と手を握って、その主導性を発揮する方向が、すでに準備されていたともいえる。

したがって、この体制の中で、とくに頼家と親近関係をもつ比企能員は、協力体制内での対立者という位置を占めはじめた。また、少壮気鋭で才気煥発な頼家が、この幕府政治における体制改革を喜ぶはずもない。頼家は、ようやく権勢をふるいはじめた北条氏の政治的野心を警戒し、北条一門に対抗し得る勢力として比企氏に期待するところが大きかった。

もちろん、北条氏の側には幕府政治についての、それなりの理想があった。それは頼朝の時代に見られた武家政権としての諸矛盾を克復し、武家政権を真に武士階級の政権として純化する方向をもつものである。そうした幕府政治の実現を目指して、幕府の指導的地位を獲得しようとする北条氏にとって、制圧を要する幕初以来の有力御家人は少なくなかった。しかし、その中で、とりわけ頼朝の独裁政治を継承しようとする将軍頼家と、これを支持し、また庇護すべき立場に位置した比企一族が、北条氏の進出をはばむ当面の敵となったのである。北条時政は頼家をしりぞけ、幕府内に隠然たる勢力をもつ比企一族を排除する機会をねらっていたと思われる。

建仁三年（一二〇三）七月、頼家がにわかに病気になり、翌八月にはかなりの重態に陥った。そのときに、北条時政らのはからいで頼家死後を考え、諸国の総守護職と関東二十八ヵ国の地頭職を頼家の長子一幡に譲り、関西三十八ヵ国の地頭職を頼家の弟千幡（実朝）に譲ることとした。これは頼家の全く関知しなかったことであったが、この決定に不満をもった能員は、息女の若狭局を通じて頼家に内報した。たまたま病気が恢復しつつあった頼家は、これを聞いて北条時政の専恣な振舞いを憤り、能員を密かに病床に呼び、北条氏討伐のことをはかった。九月二日のことである。

ところが、この密議を北条政子の聞くところとなり、彼女は直ちに時政に通報した。かねがね機会をねらっていた時政は、好機の到来とばかりに、大江広元らを誘い、比企能員に反逆の企てありとして、比企氏討滅を決意した。時を移さず時政は薬師供養に托して能員を名越の私邸に誘い、天野遠景・仁田忠常らをして、これを誅殺してしまった。

能員は時政の招きをうけたとき、その言を疑わず、子息や親類たちが危険を察して、「甲冑を着け弓矢を持たせた家子郎従たちをつれて行くべきだ」と忠告したのも聞かずに「白水干葛袴《しろすいかんくずばかま》」の軽装で、郎等二人、雑色五人を従えただけで、時政の名越邸に赴いた。実に軽率・無思慮ではあるが、一方では単純で人を疑わない典型的武士としての能員の面目が躍如としているとも言えよう。

この能員が謀殺されたことを聞いた比企一族は、一幡を擁して小御所に拠り、時政・政子が差しむけた北条義時以下の諸御家人らの軍勢を邀えて戦ったが、衆寡敵せず、ついに火を放って一族ことごとく一幡とともに自殺した。

このとき滅された比企一族は、『吾妻鏡』によると、能員の子三郎・四郎宗員（孫四郎時貞と同一人か否か不明）・五郎をはじめ、猶子の河原田次郎、聟の笠原十郎左衛門親景（野与党）及び中山五郎為重・糟屋藤太兵衛尉有季、そして能員の舅の渋河刑部丞兼忠などであった。また能員の嫡男余一兵衛尉は女人姿をして逃れようとしたが、途中で殺されたという。

翌三日には能員の残党がさがし求められ、それぞれ死罪や流刑に処せられた。能員の妻妾と二歳の男子は和田義盛に預けられて安房国に配されている。また比企尼の孫の島津忠久までもが縁坐により、大隅・薩摩・日向諸国の守護職を取り上げられた。北条氏は比企氏を徹底的に抹消したのであった。

この事件の後、将軍頼家が廃されて、弟の実朝が将軍となったこと、また頼家は落飾させられた上に、伊豆の修禅寺に幽閉されたことは周知のところであろう。

4　熊谷次郎直実

熊谷郷の在地武士

源平合戦を中心の題材としている戦記文学である『平家物語』『源平盛衰記』の世界において、幾多の戦場で、最も華々しい活躍をする武将の一人として描かれているのが、熊谷次郎直実である。とくに一ノ谷合戦で、僅か十六歳の平家の若武者、無官の大夫敦盛を討ち取った直実の話は有名であろう。ここで直実は剛勇無双の荒武者であると同時に、「もののあわれ」を知る、心優しい武士としてあらわれるのである。そこには、この時代の東国武士の一つの典型が示されていると思われるが、この直実もまた源家譜代の武蔵武士であった。

この熊谷直実が武蔵国大里郡熊谷郷を名字の地としていたことは疑いないが、その系譜については二、三の異説があり、いずれが正しいか定かではない。ただし直実の父を直貞とし、この直貞が熊谷次郎大夫と号したこと、また直実の兄に太郎直正があり、これが近江国塩津の熊谷氏の祖とされる点では、すべて一致する。

そこで、まず伊豆の北条氏と熊谷氏とが同族であるとする『北条系図』及び『熊谷系図』によってその系譜をたどると、次のようになる。

これらの系図によると、直貞がはじめて熊谷郷を領したことになっている。一説によると、直貞の父盛方が「熊谷を領して勢を振い、源義家に従って武名あり」というが（渡辺・八代『武蔵武士』）、この説は根拠がはっきりしない。

また左の系図によると、直貞がはじめて熊谷を称したいきさつについて以下のごとく説明する。

「直貞の父盛方は北面の侍であったが、違勅の罪によって誅せられた。そのとき直貞は二歳であったが、乳母に抱かれて都を出て武蔵に下り、私市《きさい》党の小沢大夫の家に身を寄せて成人し、やがて同党の成木大夫の婿となり、私市党の棟梁として熊谷郷を領した」

しかし、系図によると、この直貞は康治元年（一一四二）に十七歳で死去しているので、右の説も必ずしも信じることができない。なお、右の説明から熊谷氏は私市党の一つに系譜をひくとの説も生まれるのである。

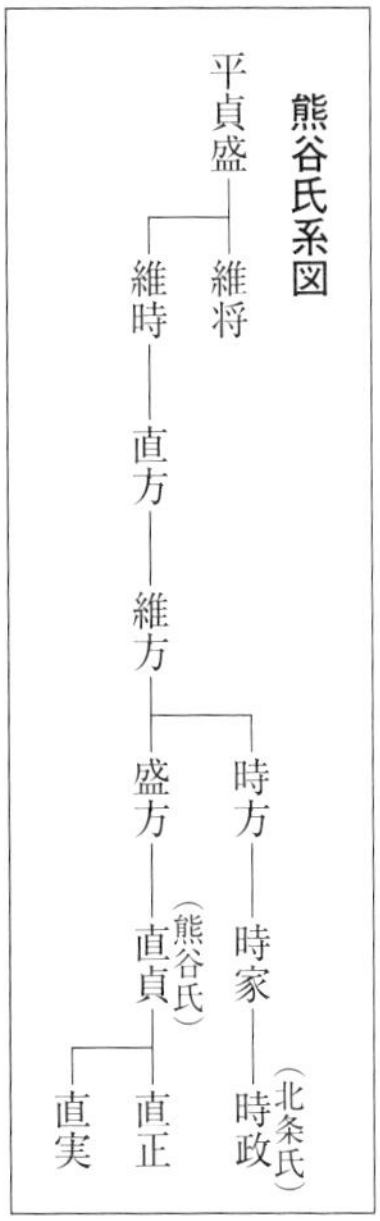

さらに系図によると、直貞死去のとき、長子直正は三歳、直実は二歳であったが、兄弟ともに成木大夫の子息久下《くげ》権守の家に養われたという。この久下氏は後に述べる

ように、熊谷氏と同族関係にあることが『吾妻鏡』にも見えるので、系図のこの註記は事実であった可能性がある。

これらの系図にあらわれていることを綜合すると、熊谷直貞が私市党と結びついていることは確実で、直貞及びその子直正または直実の熊谷郷領有の背後に、私市党の力が働いていたことが推測される。また『北条系図』以外の桓武平氏関係の系図には、熊谷氏との結びつきは全く見られない。それらの事実を考え合わせると、熊谷氏はもともと、この地方の在地武士で、私市党に属し、盛方の死後、二歳の直貞が同族の手で養われたと見るのが事実に近いように思われる。

もしそうであるならば、何故に桓武平氏と結びつく系図が作られたか。その点については、平直方につながる北条時政の系譜すら諸系図に異同が多く、必ずしも信憑性をもたないとされているほどであるから、いまここに解答を出すことができない。なお、熊谷氏を円党の一支流とする説もあるが、これは私市党と丹党とが同族関係にあるとの考えに基因して生まれた説と思われる。

以上、熊谷氏の系譜については不詳なところが多いが、直実自身にしても、右の『北条系図』『熊谷系図』によれば、母が私市党の成木氏であり、何故か父の死後、成木大夫の子、すなわち母の兄弟の久下権守に養われたとする。しかし、この久下権守が、のちに直実と所領争いをする久下権守直光と同一人とすれば、彼は『吾妻鏡』では直実の姨母（母の姉妹）の夫とされている。いずれかといえば、系図の成立年代はかなり後年と思われるので、『吾妻鏡』の記述を採りたい。とすれば、久下権守直光は成木大夫の女婿の一人ということになる。それはともあれ、幼時から久下権守に養われた直実は、一歳違いの兄直正が保元二年（一一五七）に十八歳で死去（『北条系図』による）したため、やがて熊谷氏の家督をついだのであった。直正は死去の年から逆算して、保延六年（一一四〇）の生まれになるから、直実の生年を永治元年（一一四一）とする『北条系図』、またたんに「生年辛酉」とする『熊谷系図』（永治元年は辛酉の年）はともに矛盾がない。

次に熊谷氏の本領とされる大里郡熊谷郷というのは、荒川の北岸、現在の熊谷市の一部を占める地域であった。その南東に久下氏の所領であったと思われる久下の地名が現在も残るが、当時の荒川とその支流はたびたびの氾濫で流路を変え、そのために熊谷地域と久下領との間に所領の境界争いが絶えなかったものと思われる。現在の熊谷市本町一丁目にある蓮生山熊谷寺《ゆうこくじ》（浄土宗）は戦国末期の天正年間の創建であるが、ここが熊谷直実の館跡であったと伝えられていて、境内には直実とその子息の小次郎直家及び夫人相模の方の墓と称する三基の宝篋印塔（ただし室町期のもの）が残っている。

この伝承が正しいとすれば、直実はこの地に館を構え、熊谷郷を所領とした在地武士ということになるが、その所領の規模はさほど大きくはなかったようである。

『吾妻鏡』によると、奥州藤原氏征討の際、頼朝が熊谷直実の嫡子小次郎直家を本朝無双の勇士と讃え、その度々の戦場における戦功と忠節を認める発言をしたとき、これを聞いた下野国の豪族的武士の小山政光が笑いながらに、「主君のために戦場で命を棄てるのは、武士たるものの務めである。

どうして直家に限るであろうか。ただし熊谷直家などは指揮をすべき郎従などが居ないから、自分自身で勲功を励んで、その名をあげたのであろう。ところが我ら小山の人々は、郎従たちをつかって忠節をとげているのだ。だから今後は、自分たち自身で合戦を遂げて、無双の勇士と称讃されるようにしよう」と子息の朝政・宗政・朝光らに下知したという。

この話からも郎従を多く率いる小山一門と比較して、熊谷氏の武士団としての規模が小さかったことが明らかである。したがって、当然のこととして、その所領も比較的狭小なものであったと推定できよう。

また現在の熊谷寺の地が、当時の居館の跡であったとすれば、それは荒川北岸の自然堤防の外側の平坦地で、とくに要害の地とも見えず、例えば畠山重忠の菅谷館などと比較しても、在地領主としての規模が小さいことを思わせるのである。

源家無双の郎等

ところで、熊谷直実の父直貞が熊谷郷の在地領主であったことは熊谷次郎大夫と称したことから察し得るにしても、康治元年（一一四二）に若くして死去しているので、彼と源家との関係は全くわからない。

しかし熊谷直実が保元の乱で源義朝に従い、武勇を輝かしたことは、『保元物語』にも明らかであり、それは直実が若冠十六歳のときということになる。おそらくは、この乱の僅か前に、関東の勢力圏を確立せんと努力していた源義朝の私的従者となった直実が、義朝に随従して上洛したのであろう。彼は源家直属の、いわば隷属性の濃い家人＝郎従であったと思う。

そして、三年後の平治の乱においても、直実は悪源太義平に従うところの十七騎の一人としてとくに待賢門の戦に勇名をはせている。

平治の乱に敗れたのち、直実もその本拠地に戻ったが、他の武蔵武士たちと同様に、平氏政権の支配下に入って、その本領の維持をはかり、また大番役を勤仕するために京都に上るといった生活を続けていた。あるとき直実は、久下直光の代官として京都大番役を勤めていたが、同じ大番役のため京都にいた武蔵武士の仲間たちから、あくまでも代官として待遇され、無礼な振舞いをうけたりしていた。直実はその憤懣に堪え切れず、直光にも知らせず、平知盛の家人となり年を送ることとなった。このため、直実の熊谷郷は直光に押領されてしまったようである。

やがて源頼朝が挙兵し、石橋山合戦が行われたとき、直実はたまたま関東に下向していたが、平家の家人として大庭景親に属し、頼朝に敵対した。しかし、再挙した頼朝が治承四年（一一八〇）十月に下総から武蔵に進入したとき、他の多くの武蔵武士たちの動向に応じて、熊谷直実もまた頼朝の下に参向し、再び源家の家人となった。

そして、翌十一月に常陸の佐竹氏の討伐に際しては、佐竹秀義の金砂城攻略の軍に加わり、つねに先登して平山武者所季重とならんで殊勲をあげ、さらに金砂城をのがれて奥郡花園山に立てこもった秀義を攻撃、嶮岨な山城をものともせずに最先にかけ破るなど、万人に勝れた一騎当千の武勇を発揮し、ついに秀義を討伐し、頼朝の称讃を得たのであった。

こうして、直実は寿永元年（一一八二）五月、この佐竹討伐の際の勲功と日ごろの奉公の忠節の故に、さきに久下直光に押領されていた旧領熊谷郷の領有を安堵され、その地頭職を安堵された。このことは『吾妻鏡』に見え、そこに引用された安堵（地頭職補任）の下文は文体・用語に若干の疑問があり、偽文書の可能性も残るが、頼朝から熊谷郷を安堵されたという事実までを否定する必要はないであろう。

ついで、元暦元年（一一八四）の木曾義仲追討で、直実はその子小次郎とともに源義経の麾下に従軍し、宇治川の戦では、平山季重とともに橋桁の上を渡って敵陣に突入し、また強弓を以て敵をさんざんに射落としたという。

また、つづいての一ノ谷合戦でも、義経に従って搦手の西城戸に向かい、ここでもまた平山季重とともに先陣の功をあげている。『平家物語』や『源平盛衰記』などによれば、それぞれ若干の異同はあるが、この際の直実の行動は次のように描かれている。（なお、義経の軍は三草山の戦の後、一ノ谷に向けて南下する途中、軍勢を二つに分け、土肥実平・安田義定らに率いられた七千の軍勢を三木のあたりから明石川沿いに南下し、海岸を一ノ谷の西木戸に向かわせ、義経は三千騎を率いて鵯越の山道を福原に向かった。その義経軍は、さらに軍勢を二分し、その主力を多田行綱が率いて鵯越の本道を進んで、平氏陣の山手の城戸〔現在の夢野付近〕に向かい、義経は僅か七十騎の精兵をつれて、高尾山あたりから西南に折れて深く山中に入り、一ノ谷の陣屋の背後を目指した。熊谷直実はこの精鋭七十騎の中にいたものと思われる。〕

源氏軍は攻撃開始を七日朝と定めていたが、その前夜、それまで義経とともにあった熊谷直実・平山季重・成田家正らの武蔵武士は、一番乗りの功名を競って、別行動を起こし、一ノ谷の背後の山の尾根の西側をぬけて、一ノ谷陣地の西ノ城戸に向かったらしい。

先陣を心掛け、高名をあげるべきことを子息直家と語り合った直実は、郎従一人をともない、僅か三騎、春寒肌をさす真夜中に、抜け駈けて西ノ城戸口に向かった。七日の明け方、城戸口に至ると、直実はまず大音声で源氏軍の先陣たることを名乗り上げたが、平氏側ではこれを無視し、城戸を閉めたまま相手にしない。そこで直実がしばらく待っているところに平山季重が僅か二騎で駈けつけ、共に明るくなるのを待った。やがて平氏側では悪七兵衛景清以下二十三騎が城戸を開いて駈け出て、熊谷らとわたり合い、また城戸の内からさかんに矢を射かけた。僅か五名の直実らは次第に疲労し、季重の郎従一人が討たれ、直実は左手の肘に疵を受けた。無勢で苦闘する直実・季重も危くなったとき、明石方面を迂廻して来た土肥実平以下の七千余騎が殺到したため、一番乗りの直実らはかろうじて討死をまぬがれた。

以上が、直実らの活躍の様子であるが、ここでもまた平山季重が行動を共にしている。あるいは記録や文学作品における作為かも知れない。しかし、あるいはこの両者が源氏直属の郎等であり、武蔵の小領主であるという共通の立場にあったためでもあろうか。

出家と往生

一ノ谷の合戦で直実が、我が子と同年輩の平敦盛を討たねばならなかったことに世の無情を感じ、それが後日、直実が出家をとげる動機の一つになったものといわれている。しかし、実際には直実の出家はさらに後年のことであり、その説は必ずしも正確とはいえず、出家の動機はむしろその後の、頼朝の処遇に対する不満にあったようである。

文治三年（一一八七）八月四日、鶴岡八幡宮で放生会が行われ、流鏑馬が催された。このとき直実は射手からはずされ、的立役《まとだてやく》を命ぜられた。ところが直実は、「御家人は皆、同輩として同列に扱うべきなのに、射手は騎馬し、的立役は歩行であって、そこには優劣の差別がある。このような仰せには従えない」と不満を述べ、これを拒否した。頼朝が的立役は賤しい役ではないことを説き、また御家人の間に差別をつけるわけではなく、適材適所を考えているのだとなだめたが、直実はついにその命令に従わなかった。このために、直実は罰せられて、所領の一部を没収されてしまった。この措置に直実が不満をいだいたであろうことはいうまでもない。

やがて建久三年（一一九二）十一月、以前から確執があった直実と久下権守直光との間で、熊谷郷と久下郷の境相論（訴訟）が起こり、頼朝の前で両者が対決することとなった。直実の出家の直接のきっかけは、この対決にあったのであるが、その経緯を『吾妻鏡』の記事によって述べよう。

直実は武勇においては一騎当千の名を得ていたものの、相論の対決などは至って不得手で、その弁舌も意をつくすことができない。したがって頼朝も不審に思うところが多く、しきりに直実のみに尋問した。そこで直実は「これは梶原景時が直光を引き立てているため、あらかじめ直光に有利なように申し入れているのではなかろうか。だからこそ、自分にばかり御下問があるのだろう。これではきっと御成敗（裁決）も直光に有利なものとなるに相違ない。この上は理のある証拠文書も何の役にもたたない」といって、その対決が未だ終わらないのに、その用意した証拠文書などを前庭に投げ捨てて席を立ってしまった。その上、なお忿怒にたえず、西侍において自ら刀を取って髻《もとどり》を切って投げすて、幕府の南門を走り出たまま、その私宅にも帰らず、行方をくらましてしまった。

おそらくは、この対決において頼朝の心中を疑い、それまでの不満が一時に爆発して薙髪《ちはつ》してしまったのであろう。頼朝はこの突然の出来事に驚いたが、「直実が西へ向かって馬を走らせていた。或いは京都を目指しているのではないか」との情報があったので、直実の遁世を思いとどまらせるため、使の者たちを相模・伊豆の所々や箱根・伊豆両権現に走らせ、御家人及び衆徒たちに直実の前途を遮ることを命じた。

伊豆権現（走湯山・伊豆山神社）の僧の専光坊は命によって海道に出て見張っていたところ、すでに法体となっていた直実に出逢い、将軍の命を伝えたが、出家の意志が固く、あえてこれに従う様子も見せなかった。そこで専光坊は自らの草庵に直実を誘い、遁世逐電のことを諫めるとともに、直実の怒りをなだめることに努めた結果、直実もようやく上洛を思いとどまったが、幕府には帰らず、熊谷郷に隠棲してしまった。

こうして出家遁世した直実は、法名を蓮生《れんしょう》と称したが、やがて京都に上り、法然上人の門に入った。彼は出家以来、欣求浄土の所願が堅固で、念仏修行を積んだと伝えられる。建久六年（一一九五）八月、関東に下向した蓮生坊は、出家後はじめて頼朝に面会した。彼は弥陀の功徳を説くとともに、兵法・武道についてもその蘊蓄を傾けたという。頼朝は鎌倉に留ることを請うたが、蓮生坊は他日を約して故郷熊谷に帰った。

こうして、しばらく熊谷にとどまったのち再び京都に帰り、ついで高野山新別所蓮花谷にうつり、念仏の弘通につとめたが、承元元年（一二〇七）法然上人が流罪となったことを聞いて京都に帰った。京都東山の草庵にこもった蓮生は、久しく念仏修業の功を積んだ結果であろうか、自らその死期を予言するに至り、またその予言通り、承元二年（一二〇八）九月十四日未の刻、草庵をとりかこんだ人々の前で、合掌念仏の姿のまま往生をとげたという。六十八歳であった。

直実の死について、『熊谷系図』の一つに「承元三年九月午の刻、熊谷に於て病死、年八十四歳」とある。八十四歳ならば生年の永治元年辛酉の年と計算が合わず、これは明らかな誤りである。しかし、熊谷にて病死とするのは如何なる根拠によったのか、疑問が残る。

なお直実の子孫について簡単に述べると、嫡男の小次郎直家は父とともに多くの合戦に従い、武功をたてたこと、上に述べた通りである。彼の名は承元二年父の死の予言により、鎌倉を出て京都に赴いたとの記事を最後として現存の記録から消える。承久の乱で戦死したとの説もあるが、『北条系図』では承久三年（一二二一）九月四日死、五十四歳、『熊谷系図』では戊子の年死、五十四歳とある。戊子の年とは安貞二年（一二二八）で、計算すると一ノ谷合戦のとき僅か十歳となり、この説は成り立たない。また承久三年九月としても、承元二年からは十三年間、武功ある鎌倉御家人の名が『吾妻鏡』に全く見えないのは何故か疑問が残る。ただし、『承久記』（古活字本）によれば、この熊谷次郎兵衛尉直家が勢多の合戦で、北条時房の下で戦っている。あるいはこの承久合戦に武勇をあらわしたのを最後に、その三ヵ月後に病死したのかも知れない。

『熊谷家文書』に収められている『熊谷氏系図』によれば、この直家の嫡子弥二郎景定は、直実の兄直正の子忠直の養子となったが、承久の乱で京方として戦い、二十八歳で討死している。そして、直家のあとは二男の平内左衛門尉直国がついだ。この直国の母は、土肥実平の息女という。直国は承久の乱に際し、勢多の戦に橋桁を渡って奮戦したが、山田二郎重忠の手によって討ち取られてしまった。

直国の嫡子直時は、承久の乱における父直国の勲功により、同年九月、安芸国三入庄の地頭職を賜わり、のちに安芸国の熊谷氏として発展する基礎をひらいた。

また『北条系図』によれば、直国の弟又次郎直重が武蔵の熊谷郷に住し、その子孫は武蔵国の熊谷氏として、南北朝・室町時代にわたって活躍している。

四　武蔵七党

1　武蔵の「党」的武士団

中小規模の同族的武士団

平安末期から鎌倉・南北朝時代にかけて、武蔵国には各地に在地武士たちの構成した同族的武士団がいくつか活躍していた。その規模においては、第二章で見た秩父一族の武士団のように、大きいものから、より小規模なものに至るまで、かなりの差異があり、またその同族的結合のあり方としても、一族の族長（惣領家・惣領）の統制力の強いものと、惣領・庶子の関係も明らかでない共和的結合を保っていたものもあった。武蔵国ではどちらかというと、この後者の性格をもち、たんに同族意識によって結合を保った在地小領主の武力組織ともいうべき武士団が多く活躍していたが、当時はこのような武士団を「党」と呼んでいた。そして武蔵の「党」的武士団を総称するときに、いつしか武蔵七党という呼称が生まれた。武蔵では最も大規模な武士団であった秩父氏のそれを秩父党と呼ぶ例もあるが、これを武蔵七党の中に加えていないところから考えると、武蔵七党とは武蔵国内に割拠して独自の発展をとげたところの、同族結合を保った中小武士団のいくつかを指す呼称であったと見て差しつかえない。

なお、武蔵七党といっても、後に述べるように如何なる党を数え上げるかは必ずしも一定せず、正確に武蔵国における七つの党と理解する必要もない。

ところで、中世において党的武士団というのは、一般的にいって、同族的結びつきを保ち、しかも一族の各家々の力が平均的であり、それぞれが独立しながらも、いわば共和的な団結を維持している武士団をさす。右にも触れたように、いわゆる武蔵七党のそれぞれについても、同様な性質が見られるのである。

すなわち、武蔵におけるそれぞれの党を構成する武士＝在地小領主たちの本領をみると、一つの党だからといって必ずしも一定の地方に集中せず、数郡に散在している。そして党の構成員相互間における惣庶関係も明らかでなく、一見したところでは、血縁的関係のない小武士団の結合体のようである。しかし、この時代の武士団の一般的在り方から考えても、同族的・血縁的関係以外の結合はあり得ないので、やはり同一の祖先から分岐したか、あるいはそのように信じている在地の小領主たちの結合体に、姻戚関係などによって異族が若干加わったものと見るべきであろう。ただ分割が成立するときに、それまでの父祖以来の所領を分割するよりも、新しく未開地を開発して経済的基礎とするのが、通常の庶子家分立の形態であったと思われる。したがって、それぞれの所領が遠隔の土地に分散し、また庶子家の独立性も生まれたのであろう。

武蔵国には、このような党的結合を持った同族武士団が、遅くとも十二世紀のはじめ頃には成立していた。武蔵の「党」についての史料上の初見は、十二世紀の初頭、源師時の日記『長秋記』の天永四年（一一一三）三月四日の記事に見える「武蔵国横山党」である。その成立はさらに以前にさかのぼると考えてよかろう。

そして時代は少し降って鎌倉時代の初頭になるが、九条兼実の日記『玉葉』の文治元年（一一八五）十月十七日条には、「小（児）玉党武蔵国住人三十騎許《ばかり》」と見える。十二世紀末の京都では、すでに武蔵国の党―すなわち一つの武力集団が認識されていたことを示している。

さらにつけ加えれば、この九条兼実の弟の慈円が著わした歴史書『愚管抄』にも、比企氏の姻戚として「児玉タウ」がいたことや、建保元年（一二一三）の和田の乱で、「児玉・横山」などが討たれたことを述べている。またこの和田の乱に関するものとしては、藤原定家の『明月記』の建保元年五月九日条に、「横山党」が見える。

以上は、いわば京都側の史料であるが、鎌倉幕府側ではこれらの武士団をどのように認識していたか。その点について、まず見逃せないのは、文治五年（一一八九）の奥州征討のとき、頼朝が各御家人に廻覧させたところの、八月二十日付の書状（『島津家文書』）である。

「（前欠）これにもつかせ給はんするに候、ほうてう（北条時政）、みうらの十郎（三浦義連）、わたの太郎（和田義盛）、さうまの二郎（千葉師常）、おやまのもの《小山一族》、おくかたせんち《先陣カ》したるものとん《も》、わたの三郎《和田宗実》ひとりももれす、むさしのたうたう《武蔵の党々》のものとも、このけちをたかへす、しつかによすへし、廿一日にひらいつみ《平泉》へつかむというふことあるへからす、（中略）かまえて二万きをまちそろうへし、

八月廿日　　いぬのとき」

これは平泉攻撃に際して、軍勢の結集を命じたものであるが、ここに「武蔵の党々の者ども」と総称するのみで、北条時政や和田義盛のように個人を指名していないところに注意すべきである。『吾妻鏡』によると、この奥州征討に際して、頼朝が率いた武蔵武士の中に、横山・庄・越生・四方田・浅羽・小代・勅使河原・平山・師岡・中条・岡辺（部）・成田・阿保・塩谷・安保・金子など多くの名が見えるが、いずれも、いわゆる武蔵七党のいずれかを構成した武士団である。「武蔵の党々の者ども」というのは、これらの武士たちを指したものであった。このように、頼朝は武蔵国の武士たちの大部分を「党」として捉えていたのである。

鎌倉時代には、これらの党を必ずしも「党」をつけて呼ばず、例えば「児玉之輩」「横山の人々」、あるいは「何某の者ども」といった表現もしているが、その結合体を「党類」と見ていたことは誤りない。

『吾妻鏡』には、村山党・児玉党・丹党、あるいは横山党（横山人々）などが見え、また武蔵国の一般御家人たちを「武蔵国党々」といった表現がある。他の国の場合、「三浦党」の呼称を見るのみ

で、大体において「党」「党々」の用語は武蔵の武士団についてのみ使用される傾向が強いように思われる。

武蔵諸党と源家——その主従関係——

さて、このように平安末期から鎌倉時代にかけて、武蔵国には「党」と呼ばれる武士団が多く存在したが、それでは何故に彼等がとくに「党」と呼ばれたのか。それはやはり、はじめに述べたように、その武士団結合の形態に一つの特徴があったからであろう。一言でいうならば、それは共和的同族結合といった形態であった。

このような同族武士団が生まれるには、それなりの歴史的・地理的条件があったに相違ないが、十二世紀の一定の時期、例えば源義朝が、関東への勢力扶植の努力をしていた十二世紀中期をみると、武蔵国武士団の成長の様相は、相模・上総・下総などの周辺諸国における武士団の結合の歩みとは異なっていた。そしてその相違が、源義朝との主従結合の仕方の上にもあらわれているのである。

『保元物語』は鎌倉時代以降に成立した戦記文学ではあるが、これに保元の乱において源義朝に従った武士たちの名が詳細に示されていて、それがこの時期の義朝と東国の在地武士との主従結合をうかがい知る好材料となる。それを見ると、例えば上総国の武士としては上総広常、下総国では千葉常胤のそれぞれ一名が義朝の武力を構成する武士としてあげられているにすぎないのに、武蔵国については約二十名の武士の名があげられている。しかも、武蔵の場合、そこに名を連ねている武士たちは、だいたいの名を見ても、ほとんどが小規模な武士団であることがわかる。これは何を意味するか。

広常や常胤は、いうまでもなく上総及び下総における代表的な豪族的武士団の首長であるから、その下には当然多くの中小武士団が組織されているはずである。それなのに、そうした統率下にある中小武士の名は記載されていない。これは義朝に直属しているのが、広常・常胤のみで、中小の在地武士たちは広常・常胤の下に結集がすすんでいた大武士団の中に埋没していると見るべきである。

これに対して、武蔵国の武士の場合は、義朝の武力として、中条新五・成田太郎・箱田二郎・別府二郎・奈良三郎・河上三郎・玉井四郎など、横山党に属する人々をはじめ、村山党の金子十郎家忠・山口十郎・仙波七郎、猪俣党の小平六範綱・岡部六弥太、西党の平山武者所季重などの名が見える。彼等はいずれも僅かな郎従を率いるのみの、小規模な武力集団にすぎないと思われるが、これらの武士たちが義朝と直接的な主従関係を結んでいたために、『保元物語』にも、このように記載されたのである。またこのような比較的小規模な武士の場合、大武士団を擁して義朝に従い、その指揮下に入った人々とは異なり、先に見た熊谷次郎直実などと同様な、いわば源家直属の郎等（家人）といった立場の武士たちであったといえよう。

この時代の武蔵国では、このような武士たちが各々独立した在地の小領主として存在し、しかも一つの党としての協同体制をとっていたのであった。こうした関係は鎌倉幕府成立後もつづき、党を構成する個々の中小在地武士が、それぞれ独立して鎌倉御家人の身分を得たのである。鎌倉時代に「武蔵の党々」「武蔵の党々の者ども」といった表現が見られるのも、このような中小武士団の同族的結合が実際に武蔵国に存在したからに他ならない。

ただし、このような党を構成する個々の小武士団も十二世紀末から十三世紀にかけての動乱と武士勃興の時代に、それぞれ武士団として大きく成長したことはいうまでもない。とくに建保元年（一二一三）の和田氏の乱で、和田義盛に加担した横山右馬允時兼以下の横山党などは、後に詳述するように、数十の有力領主を組織し、数百騎に達する軍勢をかかえた大武士団にまで成長していたのである。

「武蔵七党」の呼称

このような武蔵国における党々を、総称して武蔵七党と呼ぶようになり、また『武蔵七党系図』が成立すると、ここに代表的な七党が固定されたように見える。しかし、これはあくまでも後世の作為であって、必ずしも数的な意味での「七党」にこだわる必要もない。いわゆる「武蔵七党」の数え方にしても、実際には幾通りもあるのである。ちなみに、これを例示すれば、まず十五世紀に建仁寺の僧によって編纂されたといわれる辞書『節用集』では、

丹治・私市・児玉・猪俣・西野（西）・横山・村山

の諸武士団を七党とし、『武蔵七党系図』では、

野与・村山・横山・猪俣・児玉・丹・西

として、前者と較べると、私市と野与が入れ代わっている。またその他にも、

横山・猪俣・児玉・丹（治）・西・私市・綴《しころ》

を七党とする説や、この中の西党を除いて野与党を加える数え方もある。ここに挙げただけでも九党となり、さらに別の数え方もあったであろうから、「七党」の数は「坂東八平氏」の場合と同様に、たんなる口調の良さから適当に作り出されたものと考えてよい。

それではこのような「武蔵七党」という呼び方は、いつの時代に生まれたのであろうか。もちろん、これを確定することはできないが、上述したように、鎌倉時代までに成立した文献では『吾妻鏡』をも含めて、「武蔵の党々」あるいは個々の「党」の名称が見られるものの、「七党」という表現は見当たらないという事実に注意すべきであろう。そして、また一方では『武蔵七党系図』の成立年代が問題となる。

そこでこの系図であるが、その特徴的なことは二、三の例外はあるが、ここに収められている各党の家々が、南北朝・室町初期で切れている点である。また系図中の人名の註記に、和田の乱・承久の乱をはじめ、弘安合戦（霜月騒動）・正応合戦（平禅門の乱）や文永九年（一二七二）の北条時章殺害事件、あるいは嘉元三年（一三〇五）の北条宗方の乱など幕府にかかわる政治的事件が頻繁に出ている。そのことは、これらの註記が鎌倉幕府の滅亡ののち、これらの諸事件を各家々との関わりの中で

の歴史的事件として、克明に記録する必要を感じていた時期の所産であることを物語る。しかも鎌倉時代までの同族的結合を特徴とする「党」のいくつかを、まとめて一つの系図として残す行為そのものが、鎌倉時代の「党々」がすでにその構成武士団の分離独立により実体を失い、過去における歴史的存在として認識されるに至った時代に、歴史的用語としての「七党」を作り出し、その時代に現実に存在する武士団の系譜をいずれかの党に結びつけようとする要請から出発したものに相違ない。ここで、現実に存在する武士団というのは、すでに血縁的原理をもって結合した武士団が解消し、むしろ地縁的結合原理による新しい武士団結合、すなわち「一揆」を構成する武士団である。『武蔵七党系図』の成立は、そうした新しい型の武士団の成立の中で生まれた。それは大体のところ南北朝・室町初期である。そして「七党」という概念や呼称も、その時代に生まれたであろうこと、ほぼ疑いないであろう。

この考えを支持する上で、一つの参考となるであろう事例を示すと、『平家物語』の諸本における「武蔵七党」に関する叙述の相違がある。周知のように『平家物語』には、きわめて多くの異本があり、その系統も多岐に分れる。ここにその詳細を述べることはできないが、最も広く流布したのは「語り本」系の、とくに覚一本系統の「平家」「平曲」であるが、この「語り本」は語り広めるという行為の当然の結果として詞章の成長変化も多かった。この「語り本」系諸本に対し、「原平家」すなわち鎌倉時代に生まれたと考えられる『平家物語』の原形を、読むために増補してきた「読み本」系の諸本がある。そして現在は一般に『平家物語』といえば、前者の「語り本」をさすが、鎌倉時代にはむしろ「読み本」が『平家物語』の主流であったらしい。

そこで本題にもどり、ここでは①「語り本」系統の覚一本を底本としている『日本古典文学大系』（岩波書店）の『平家物語』に見えるところの「党」「七党」に関する記述と、②「読み本」系の『長門本平家物語』、及び③『延慶本平家物語』における相応する箇処の記述・表現とを比較してみよう。

まず①では、

(1)「畠山が一族、河越、稲毛、小山田、江戸、葛西、惣じて其の他七党の兵共三千余騎」（巻五、早馬）

(2)「是をはじめて、秩父、足利、三浦、鎌倉、党には猪俣、児玉、野井与《野与》、横山、西党、都筑党、私党《私市》の兵ども」（巻九、坂落）

とあり、「七党」という用語、そして七党を意識したらしい「党」の羅列がみられる。これに対し、②では、

(1)「武蔵国住人江戸太郎重長・河越小太郎重頼等を大将として、党どもには金子、むら山、丹党、よこ山、篠党《私ノ党》、児玉党、野与、綴喜党等をはじめとして、二千余騎にて」（巻第九）

(2)「是を始として秩父、足利、武田、吉田、三浦、鎌倉その外小沢、横山、児玉、猪俣、野与、山口の者ども」（巻第十六）

とあり、また③では、

(1)「河越太郎重頼、中山次郎重実、江戸太郎重長等、数千騎を卒して三浦に寄たりけり」(巻第二、中、卅五、右兵衛佐謀叛発す事)

(2)「是を始として秩父、足利、武田、吉田、三浦、鎌倉、小沢、横山、児玉、猪俣、野与、山口の党の者共」(巻第五、本、二十、源氏三草山幷一谷追落事)

となっていて、①とは異なり、党の表現はあるものの、「七党」といった捉え方はしていない。なお、ここに示したのは、(1)が畠山重忠ら秩父一族による三浦攻め、(2)が一ノ谷合戦における西ノ城戸の戦闘を描いた部分である。

現在『延慶本平家物語』が、最も「原平家」に近いものと考えられているが、右の②・③を較べると、(2)の部分はほとんど同じで、(1)の部分で、若干②の長門本が詳しくなっている程度である。そして①は、これらとは全く異なり、そこには「七党」の認識が見える。おそらく後の時代に用語の加増・変化が加えられ、源平合戦の時代に、武蔵の武士たちがすでに「七党」として存在したかのごとく語られるようになったことを示している。この①②③を比較しても、原平家に近い鎌倉時代に成立した「読み本」系になく、広く流布された「語り本」系にあらわれる「武蔵七党」の称呼が南北朝時代以降のものであることが察せられると思う。

なお『武蔵七党系図』によると、この七党の出自は、ほとんど中央貴族に結びつくが、これははなはだ疑わしい。武蔵武士の場合、本来は中央貴族と関係なく、農村の間に成長して、しだいに在地領主化の途をたどったものである。時としては中央貴族の血を混入することもあったであろうが、むしろ在地領主として中央貴族の荘園の荘司になるなどして、貴族との関係をつくり、それが在地領主化のための強い推進力となったものと考えた。いわゆる「武蔵七党」も、その出自について系図上の作為があることは当然考えられるところで、系図を歴史の史料として全面的に信頼することはできない。しかし、武蔵諸党の系譜を示す史料はほとんどないので、ここでは信憑性の少ないことを承知の上で、『武蔵七党系図』その他、後世に作られた系図を一応の手がかりとせざるを得ないと思う。

2　横　山　党

横山党の出自

横山党に関する系図としては『武蔵七党系図』『小野氏系図』『小野姓横山党略系図』などがある。相互の間には註記その他で若干の差異はあるが、大筋においてはほとんど一致するので、ここではこれら諸系図を綜合して考えて、たんに「系図」と表現することにしたい。

その「系図」によると、横山党の中心的存在である横山氏は、小野篁の八代の孫孝泰が武蔵守となって下向し、南多摩郡横山の地を開墾して土着し、その子義孝（隆）が横山太夫と称したのに始まるという。この開発地はのちの横山庄で、横山氏が鎌倉時代まで本領として領有した土地であることは確かであり、その地域はおおむね現在の八王子市の一部であった。現在の市内横山町にその地名の名残りをとどめている。

多摩川の南側、西は小仏峠から東南へ延び関戸に至る丘陵地一帯は多摩の横山とよばれ、古くから牧場地であって、皇室領小野牧としてすでに十世紀前半の延喜・天暦時代にその名が現れているが（『日本紀略』）、「系図」によれば義孝の子資孝が長保六年（一〇〇四）にその小野牧の別当となり、横山野別当と号したという。また資孝の子経兼は康平五年（一〇六二）、前九年の役に源頼義に従って功をあげたと註記されているが、これは『吾妻鏡』文治五年（一一八九）九月六日条によっても証明される。この註記をもとに考えると、資孝の祖父孝泰は大体十世紀中期の人となるが、彼が小野篁の八代の孫とするのは、少し無理なようである。何故ならば小野篁は仁寿二年（八五二）に五十一歳で死んでいることは明らかなので、そのあと、一世代を二〇〜三〇年として計算すると、孝泰までに一二〇年ないし一八〇年の年月が経過したはずである。もし一二〇年とすれば、それは十世紀末近くになり、一八〇年とすれば十一世紀前半の「系図」でいう資孝の時代となる。これは「系図」自体の矛盾である。

さらに孝泰の武蔵守であるが、他にこれを証する史料はなく、現在明らかとなっているかぎりでは、十世紀の武蔵守に小野氏は見当たらないので、はなはだ疑わしい。したがって横山氏の系譜を小野篁

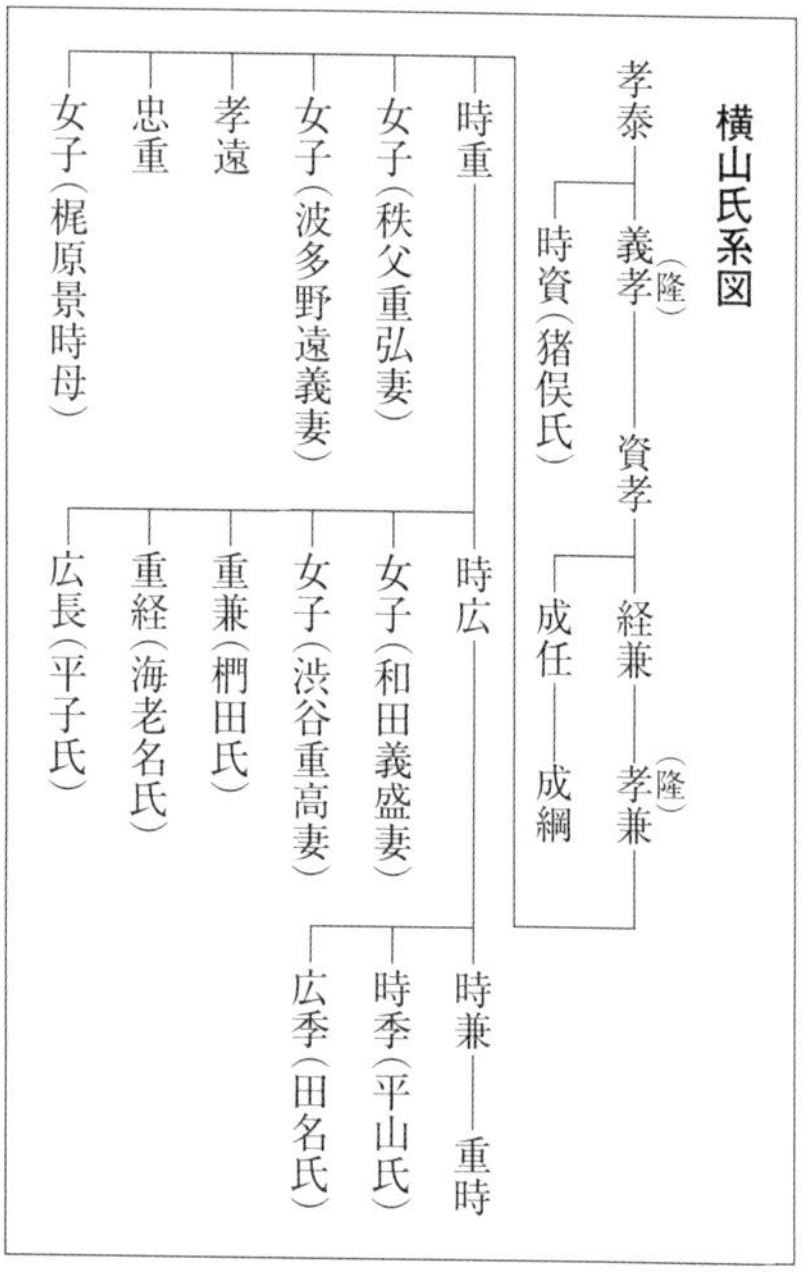

横山氏系図

に結びつけること、そして孝泰を地方に下向した中央貴族とするのは後世の作為であろう。そして皇室領小野牧は十世紀前半頃から成立していたらしいから、「系図」にいう小野孝泰の武蔵下向と関係づけるのも無理である。

　結論すれば、横山氏は孝泰またはその子義孝の時代に、小野牧の一部を開墾して開発私領とし、それを経済基盤として成長した在地領主であり、しいてその系譜をさかのぼるならば、「小野郷に住み、小野神社を創立したところの武蔵国造の一族」とする太田亮氏の推論（『姓氏家系大辞典』横山氏条）が正しいかも知れない。いずれにしても、横山丘陵の北、多摩川南流域に成長した在地領主である。

　そこで、孝泰以後の系図を示すと、右のようになる。この系図をたどりながら、横山氏が南多摩郡の一角、横山庄を本拠として、次第に有力な同族的武士団へと発展をとげ、また鎌倉御家人社会の中で勇名を馳せるに至ったあとを追うことにしよう。

横山氏の発展と滅亡

この横山党が信憑性のある史料の上に、はじめてあらわれるのは十二世紀初頭のことである。前節でふれたように、『長秋記』の天永四年（一一一三）三月四日の条に、武蔵国の「横山党二十余人」が内記太郎（愛甲内記平太夫）なるものを殺害したため、常陸・相模・上野・下総・上総五ヵ国の国司に追討すべきことの宣旨が下されたことが記されている。この事件の結末は明らかでないが、五ヵ国の国司の追討をうけるということ自体、横山党の行動半径の大きさが想像される。そして、この事件は横山孝兼の時代のことと思う。なお『小野系図』によれば、このとき横山党は三年間も官使に抵抗し、ついには秩父権守重綱・三浦平太為次・鎌倉権五郎景政らがこれを攻めるに至ったが、結局は和解が成り立ったという。

源頼朝が鎌倉幕府を創立したとき、横山党の人々は、皆その下に参画した。横山権守時広・右馬允時兼父子も御家人に列した。とくに寿永元年（一一八二）八月、源頼家の誕生に際して、時兼は宇都宮朝綱・畠山重忠・和田義盛・梶原景時らの有力御家人とともに御護刀を献じている。

また文治五年（一一八九）の奥州征討に際しては、時広・時兼ともに従軍し、とくに頼朝の命令により、藤原泰衡の首を獄門に懸ける役を仰せつかったが、これは時広の曾祖父経兼が前九年の役で安倍貞任の首を懸ける役目をつとめた先例によるものであった。

『吾妻鏡』建久元年（一一九〇）四月十九日条に、頼朝が諸国の御家人の知行地における役夫工米未済につき、これを催促すべきことを京都に報じた注進状があるが、それによると、横山時広が淡路国の国分寺を知行していたことがわかる。恩賞として得た所領であろう。さらに建久四年（一一九三）七月には、この所領国分寺のあたりで発見された足が九本ある「異馬」を時広が頼朝に献じたという記事もある。

この時広・時兼父子は、頼朝の再度にわたる上洛の際にも、随兵としてこれに従っており、御家人としての奉公に励んでいたものと思われる。

ところが建保元年（一二一三）五月の和田合戦で横山時兼は和田義盛に加担し、一族数十人を率いて奮戦したが遂に敗れて、横山氏は滅んだ。この和田の乱は、もともと和田義盛とその姻戚である時兼との謀議によって起こったものであるが、その勢力は強く、『明月記』にも和田の率いる三浦党と横山党をさして、「両人共、其勢抜群の者」と記している。時兼は聟の波多野三郎、甥の横山五郎以下、数十人の「親昵の従類」等を率いて、合戦の最中に助勢に馳せつけたが、彼等党類が棄てた簑笠が「積みて山を成す」といった状況であった。その軍勢の数が如何に多かったかが思われる。

戦に敗れた右馬允時兼は、同族の古郡左衛門尉とともに、一旦は戦場を遁れたが、翌日甲斐国で自殺した。ときに時兼は六十一歳であったという。またこのとき時兼と運命を共にした「横山の人々」は、平山・粟飯原・田名・小山・古郡・椚田《くぬぎだ》以下の人々、合わせて三十一人に及んだ。

この横山氏の遺跡としては、今日八王子市横山町に残る妙薬寺が横山氏の館跡であったといわれる。寺伝によれば正平十年（一三五五）に清遍律師が、いまの境内の東方に薬師堂を建立し、元中八年（一三九一）清承法印が本堂を建立したという。またこの寺の南二〇〇メートルほどの位置にある八雲八幡神社は、横山大夫義孝（隆）が横山庄の領主として、館の南方に勧請し、守護神としたものと伝えられている。

成田・中条・別府の諸氏

横山党は武蔵の党の中では、とくに強勢を誇ったらしく、党を構成する家々の数はきわめて多い。「系図」の上では、いずれも横山の祖義孝の流れをひくことになっているが、すべてを信用することもできない。

しかし横山党を称する一族の発展は、多摩郡から武蔵全域にわたり、また上野国や相模国にも及んでいる。その家々は横山氏以下、小野・遠田・椚田・井田・荻野・成田・中条・箱田・奈良・田谷・河上・玉井・別府・愛甲・海老名・山口以下数十に及ぶ。

そのうち主なものについて述べると、まず横山経兼の弟成任にはじまる成田氏であるが、成任は野三大夫（小野三郎大夫の意味）、または成田大夫と称して、北埼玉郡成田を領有したという。成田の地は、現熊谷市内の成田であろう。そしてこの成任の長子が野三刑部丞成綱で、小野氏を称した。成綱は成田太郎といい、保元の乱では源義朝に従ったが、頼朝の時代になると、その子小野左衛門尉義成及び下総守盛綱とともに、御家人に列し、とくに成綱は幕府草創以来の功により、尾張国の守護となった。また盛綱ははじめ成田五郎と称し、一ノ谷合戦で、熊谷直実・平山季重らと先陣を争ったと伝えられている。彼はおそらくは父成綱から尾張国守護職を伝えられたと思われるが、やがて承久の乱に際し、京方の有力者として活躍したため、幕府の手により殺され、守護職も没収されてしまった。

次に、この成田（小野）成綱の弟、義勝房成尋から出たのが中条氏である。義勝房は石橋山合戦で頼朝の下に戦い、その子中条家長は八田知家の養子となって藤原姓に改めたが、同じく幕府に仕え、左衛門尉、出羽守となり、承久の乱の後、尾張守護職を与えられ、さらに嘉禄元年（一二二五）に評定衆となり、また貞永式目の編纂にも加わった。そして家長は嘉禎二年（一二三六）に七十歳で死去したが、尾張の守護職はその子家平、孫頼平へと伝えられている。

なお、この中条氏の本拠地であった中条は成田の北隣に連なる地域で、義勝房の父成任が成田地域とともに領有していたものを分割相伝したものと考えられる。現在の熊谷市上中条竹中《たけのうち》にある常光院の境内と周辺一帯は中条氏の館跡であり、それは北東に利根川をひかえた平担地に位置する。常光院は館の持仏堂（家長の建立という）が発展したもので、館跡のほぼ中央を占めるが、南面する正門に接して左右に土塁と空堀が残り、また北側にも空堀と土塁跡、西側に空堀が残っている。また常光院境内には、家長の五十回忌の追善供養を営んだ際に建立されたという弘安九年（一二八六）の板碑

（青石塔婆）がある。

次に、この中条の西方約五キロほどの市内東別府の地に居館址を残すところの別府氏がある。平安末期から室町時代にかけて、この地に勢威をふるった在地武士で、成田氏から分かれたものと伝えられるが、『武蔵七党系図』によれば、上述の成田成任の弟田谷忠兼の曾孫義久がこの地に土着し、別府氏の祖になったという。また同系図によれば、忠兼の兄弟に箱田三郎・奈良四郎・河上六郎・玉井資遠らがあり、さらに義久の弟に別府次郎がいることになっている。

ところが、この別府氏の祖については、別に全く異なった説がある。成田氏から分かれたとする点は同じだが、その成田氏が前掲の七党系図とは全く異なって、藤原北家の伊尹の子義孝の流れで、成田大夫助高にはじまるとする『成田系図』に拠るもので、この助高の二男行隆が別府二郎と称し、この地域に根拠地をおき、別府氏の祖となったとする。この系図によると行隆の兄が成田太郎助広で、その子五郎助忠は一ノ谷合戦で義経に従軍、そして嫡孫の資泰及び助忠の子道忠が承久合戦で討死したとある。また行隆の弟に、奈良三郎高長、玉井四郎助実の名が見える。

いずれをとるべきかは決定しがたいし、いずれの系図もあまり信憑性がないので、ここでは問題にしない。ただし、渡辺世祐・八代国治氏の『武蔵武士』では前者をとり、後者を全く否定している。

なお、保元の乱のとき、源義朝の麾下の武蔵武士として、成田太郎・箱田次郎・河上三郎・別府二郎・奈良三郎・玉井四郎らがあり、上掲系図のいずれと比定することもできないが、この成田・別府の一族が十二世紀半ば頃までに源家の家人となっていたことは確かである。

別府氏の居館址として残っている別府城址は、東別府館跡と西別府館跡とに分かれているが、伝承によれば行隆の長子義行が東別府、次子行助が西別府を名乗ったという。現在の城跡が戦国時代の砦の形態を残したもので、中世初期の面影を知るすべもないが、東館跡は東西九〇メートルに、南北一四四メートルの方形をなし、かなり完全な土塁・堀を残していて、郭内に東別府神社がある。また西館跡は、調査の結果では一〇九メートル四方の方形となっていたらしいが、現在は畑・宅地となり古い姿を全くとどめていない。その地域には湯殿神社・安楽寺が建つが、安楽寺には大小二基の五輪塔と、三基の青石塔婆が残されているが、その大きい五輪塔は西別府行助の四世の孫、別府頼重の墓という。

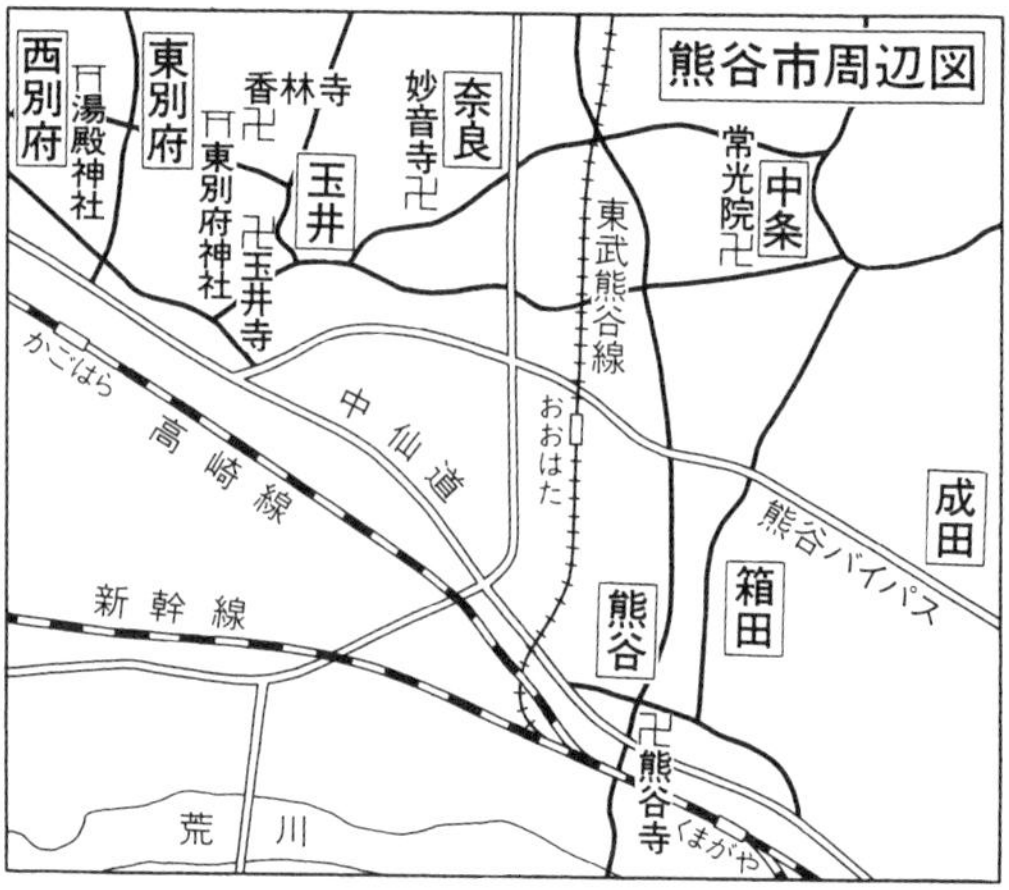

一方、東別府神社の東方に香林寺があり、これは『武蔵七党系図』にある別府氏の祖義久の孫清重が建立したものと伝える。この清重は小太郎忠澄と同一人らしく、一ノ谷合戦に源義経に従ったが、

のち和田の乱で和田方に加わって討死したと伝えられる人物である。『吾妻鏡』にも、別府太郎（義行ヵ）・別府次郎太郎・別府左近将監成政・別府左衛門などの人名が見えるが、人物の比定が困難である。要するに別府氏に関しては伝承にも異説が多くて一定せず、疑問が残る。

なお別府とは、「別符の地」——すなわち国司などの特別の許可を得て私的領有が認められた土地に由来するもので、この別府氏は幡羅郡（のち大里郡に編入）内に設定された特別の開発地（＝別符の地）を領有した在地領主であるために、別府を名乗ったものと思われる。

3　猪　俣　党

猪俣氏と猪俣党の諸氏

猪俣党は那珂郡（北・西に児玉郡、東に榛沢郡、南に秩父郡とそれぞれ境を接する小郡、現在は児玉郡に編入されている）を中心に、榛沢・男衾・大里郡の各地に分布した同族武士団である。この那珂郡一帯は、南に東流する荒川、北は利根川にはさまれ、古くから肥沃な地域であったらしく、古代末期には隣接の児玉郡とともに、かなり多くの中小在地領主を生み出している。

『武蔵七党系図』及び『小野氏系図』によれば、猪俣氏は横山氏と同祖、小野姓という。すなわち横山義孝（義隆）の弟時資の子時範が猪俣五郎と号し、猪俣氏の祖となったとするのである。横山氏と猪俣氏と、その本領の地を見ると、横山は武蔵国の最南部に近い多摩川の南流域であり、猪俣は武蔵国の北端に近い利根川流域である。この両者が同祖、小野姓として結びつくのは、いささか不自然で、系図上の作為は歴然としている。

猪俣氏系図

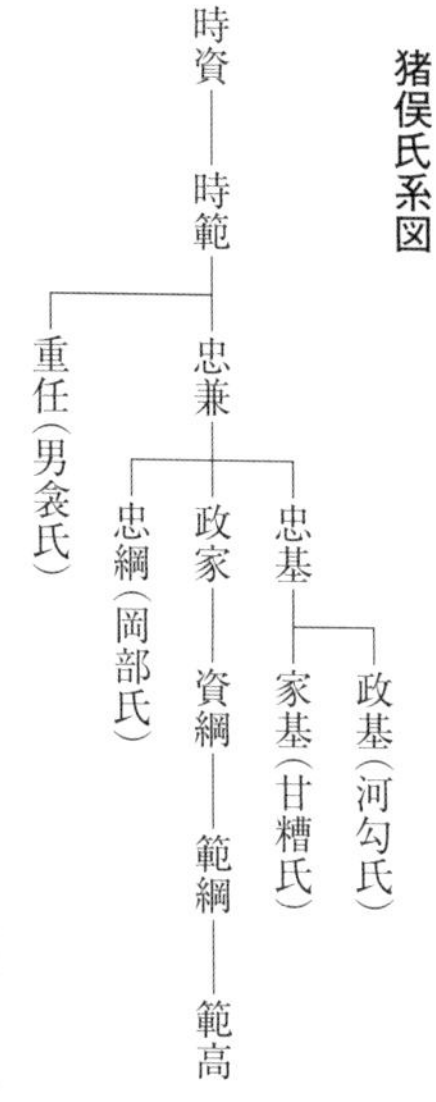

しかし、それはともあれ、時資以後の猪俣氏の系譜を示しておこう。

この猪俣氏の本拠地は、現在の寄居市の北、山を一つ越えたところにある児玉郡美里村猪俣の地であった。この地域は丘陵を西南にひかえ、東北に開けた山根地帯で、中世初期の在地領主がその開発地を経営するのに、最もふさわしい形観を示している。この地の西南部に猪俣氏の館跡が残るが、これは戦国時代以降のものに相違なく、詳細はわからない。

猪俣氏の祖として名が残る時範の五代の孫猪俣小平太（金平六）範綱に至って、猪俣氏はようやく歴史の表面にあらわれる。『保元物語』によると、猪俣金平六が同じ猪俣党の岡部六弥太（忠隆）や河匂三郎らとともに義朝に従っており、また『平治物語』では、待賢門の敵を追い落とした源義平以下十七騎の中に猪俣金平六の名が見え、武勇の名をあげている。

そして、頼朝の挙兵をみると、範綱もまた源家譜代の家人の一人として頼朝のもとに参向したのである。やがて一ノ谷合戦では義経に従い、平氏の軍中に驍勇の名も高い越中前司盛俊を討ち取って武功をあげた。その後、頼朝の両度にわたる上洛のときも、範綱が随兵としてこれに従ったことが『吾妻鏡』に見えている。

範綱の子左衛門尉範高は、『吾妻鏡』に見える猪俣左衛門尉範政と同一人物と思われるが、彼は承久のとき、「六月十四日宇治合戦、敵を討つ人々」の交名《きょうみょう》注進状にその名をあらわしている。東国御家人の一人として奮戦した様子がうかがえるであろう。

この承久の乱より十七年の後、暦仁元年（一二三八）二月、将軍頼経の上洛、そして五月の春日社参にも、随兵または側近の供奉人《ぐぶにん》として従っている。おそらくは、それ以後も猪俣氏の御家人としての地位は鎌倉幕府の滅亡まで変わらなかったであろう。

猪俣党は、この猪俣氏のほか、岡崎・男衾・友庄・横瀬・滝瀬・尾園・本部・河匂・甘糟・古郡・荏原・人見・藤田・御前田等の諸氏のほか、数十氏の武士団によって構成されている。そのうち、主なものについて、その本拠地を現在の行政区画にしたがって示すと、児玉郡美里村に河匂・木部・古郡・甘糟の諸氏、深谷市に荏原氏及び人見・横瀬の諸氏、本庄市に滝瀬氏、花園村の御（小）前田氏、寄居町の藤田・尾（小）園・男衾の諸氏、そして岡部町の岡部氏などである。この分布を地図の上で眺めてみると、一つ一つの武士団の規模はかなり小さかった事実が知られよう。

岡部氏系図

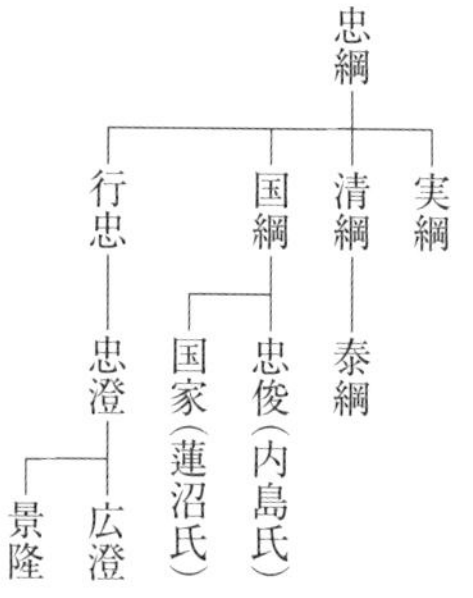

源家譜代の家人、岡部氏

右にあげた猪俣党の諸氏のうち、平安末期から鎌倉時代にかけて、歴史上著名なのは岡部氏であり、とくに岡部六弥太忠澄である。

この岡部氏は猪俣政家の弟六郎大夫忠綱が榛沢郡（のち大里郡）岡部に居住したことにはじまる。その系図を示すと上の通りである。

忠綱のあと、その嫡流は六郎行忠が継承し、その嫡子が六弥太忠澄である。忠澄は上述の猪俣範綱とほぼ同世代で、保元・平治の両乱では、範綱と並んでその名をあらわし、常に行動を共にしている。岡部氏も猪俣氏と同様に源家と譜代の主従関係をもち、源義朝に直属した郎等であったと思う。

平治の敗戦ののち、頼朝挙兵に至る二十年間の動静は不詳であるが、挙兵を知ると直ちに参向して御家人に列した。そして、義仲追討の義経軍に従い、宇治川に戦い、さらに一ノ谷合戦では、薩摩守平忠度を討ち取ったことが『平家物語』に見えていて、とくに有名である。これらの戦功により、忠澄は忠度の旧知行地の荘園五ヵ所の地頭職を賜わったといわれ、また伊勢国粥安富名を所領として与えられている。

その後、文治五年（一一八九）七月の奥州征討にも頼朝に従って戦い、また頼朝の上洛に際して二度ともこれに随うなど、将軍への忠勤にはげんでいる。しかし、建久六年（一一九五）三月、頼朝の東大寺供養参列の記事に随兵としてその名が見えるのを最後に、忠澄の名は『吾妻鏡』から消える。伝承によれば、建久八年（一一九七）七月に没したという。

岡部氏の本拠地は現在の岡部町域の東部、深谷市に近い地域であったと思われる。岡部町普済寺字古城の、国道十七号線の近くに古刹普済寺（曹洞宗）があるが、これが岡部氏の菩提寺であったという。寺の御影堂には岡部忠澄夫妻（妻は畠山重忠の妹）の像が安置され、寺の近くには岡部行忠・忠澄及びその夫人の墓とされている五輪塔三基が残っている。

この普済寺の境内から北にかけての字古城の地に、岡部忠澄の館があったと伝えられ、それらしき土塁が僅かに残るが、『新編武蔵風土記稿』ではこれを否定し、むしろ室町期の深谷上杉氏の城跡ではないかとしている。

また、これとは別に普済寺地区の北西約二キロほどの岡部町大字岡の地に岡部城址があり、土塁の一部を残している。これが岡部六弥太忠澄の居館であったともいう。もちろん確証はない。

こうして岡部忠澄の館跡はいずれとも決し難く、またいずれも戦国期の城跡にすぎないとも思われる。しかし、鎌倉初期の岡部氏が、この美里村・本庄市・深谷市に囲まれた岡部町の東部地域を、その本領としていたことは疑いない。その地域が猪俣党の惣領とされる猪俣氏の本拠地から、あまり隔たっていないこと、また猪俣党の諸氏の分布圏である広大な武蔵野台地東北地域の一角に位置し、その西・北側に小山川の流れをめぐらし、中世初期の在地武士の開発私領にふさわしい地勢と景観をそなえていることなどは、この地域を岡部氏の本領と推定する上での大きな支えとなる。

なお、普済寺から東南へ約一キロ、国道の南側、深谷市萱場に清心寺（浄土宗）があり、その境内の一隅に、「平忠度墓」と称する五輪塔がある。伝えによると、これは岡部忠澄の手によって討ち取られた忠度をいたみ、忠澄が建てたものといい、またその傍らには、忠度がその闘いで切り取られたところの右手を供養した腕塚もある。これらは、いずれも忠澄の武勲にまつわる伝承によって作られたものであろうが、それはいつのことであろうか。ちなみに、この清心寺は上杉氏の家臣加谷清真が、万誉玄仙を開山として、天文十八年（一五四九）に創建したという。「忠度墓」が忠澄の手になるものとしたら、清心寺創建以前の約三世紀半は、どうなっていたのか。歴史的には、あまりにも疑わしい。

4　児玉党

児玉・庄氏の系譜

児玉党は、それを構成する諸武士団の数において、いわゆる武蔵七党の中で最も規模の大きい党である。

児玉氏は有道氏の流れであり、十一世紀のはじめ頃、有道維能ははじめ藤原伊周に仕えたが、やがて武蔵介として下向し、児玉郡の地を開墾して児玉庄とし、その子維行以後土着して児玉氏を称したという説と、藤原伊周が有道氏の女を娶り、そこに生まれた藤原遠峯が武蔵に下り、土着して児玉庄を開き、児玉氏と称したという説があるが、いずれも信用し難い。そして系図によれば、維行（あるいは遠峯）の子広行及び経行が児玉氏の祖とされている。また系図にはこの一族の中に、「有貫主」「有大夫」「有三郎」（有は有道の意）などを称する人々があったということがしばしば註記されていて、この児玉氏がもともと有道氏であったことをうかがわせる。

以上のことから、この一族が有道氏であったことは確かであり、その系譜はわからぬが、十一世紀のはじめ頃は、在地領主として成長した土着の有道氏が、児玉郡内の開発私領を京都の藤原氏に寄進して児玉庄をたて、その荘司となって勢力を伸ばしたものと考えられる。

古く児玉郡阿久原勅旨牧というのが『政事要略』に見え、『新編武蔵風土記稿』その他によれば、十一世紀の中頃に有道維行がこの牧を管理し、阿久原に居住したこと、また阿久原村に「有明神」があり、それは児玉氏の祖先を祀ったものであることが伝えられている。

このことから、この阿久原地域が児玉氏本来の故地で、それを本拠に開墾をすすめ、やがて児玉庄が成立したものと推定できる。この阿久原は現在の児玉郡の南端地域の神泉村北部で、神流川峡谷をはさんで群馬県鬼石町に対する地域である。その地勢を見ると、山間の狭隘地で大きく開発するために適当な地ではないが、もしこの地域が本拠地ならば、ここより東北方向へ、身馴川上流の流域に沿

児玉氏略系図①

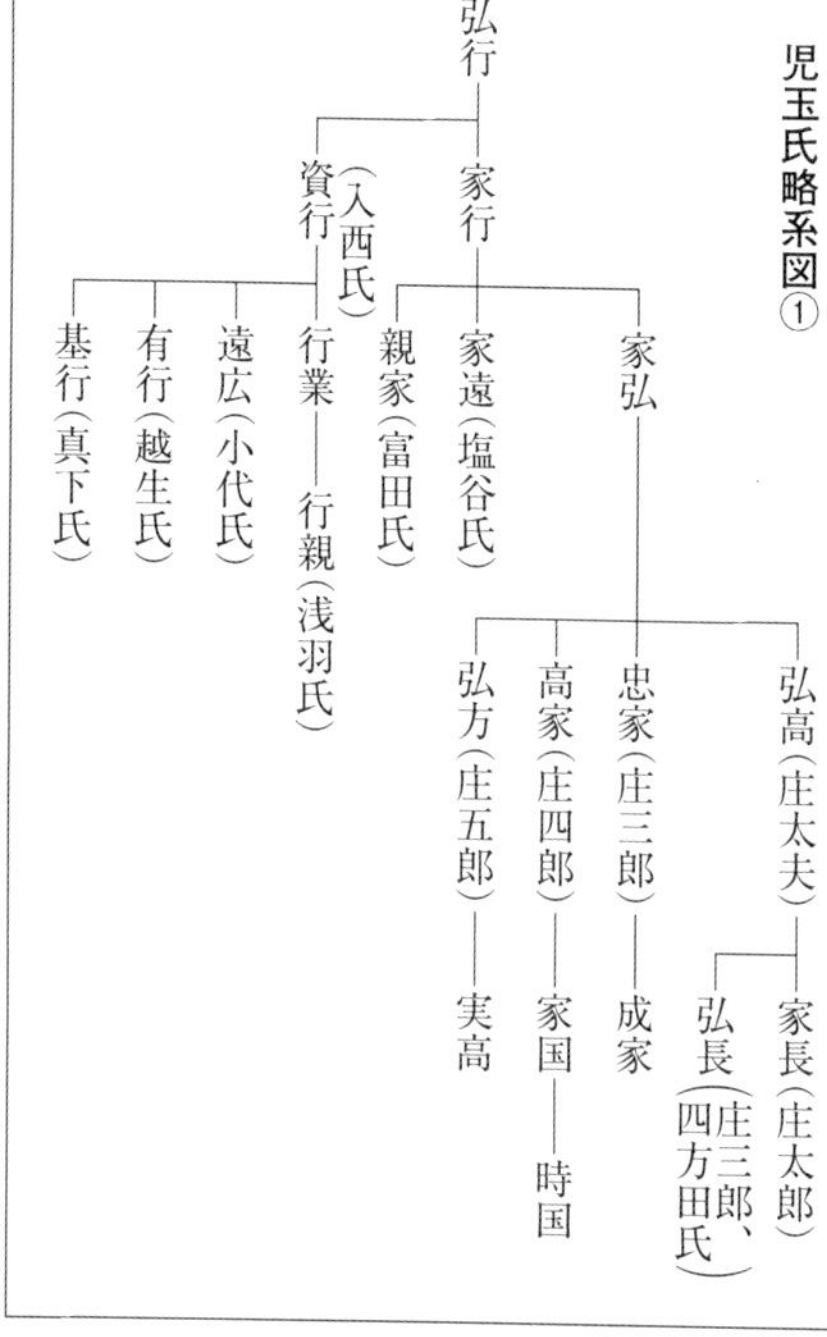

って、現在の児玉町地域へと発展したものであろう。

そして児玉党は、現在の児玉郡から本庄市一帯の地域、すなわち武蔵国の最北端地域全体に分布し、さらに入間郡・秩父郡のほか上野国にまで広く繁衍したのであった。

この児玉党の本宗ともいうべき児玉氏は、児玉あるいは庄を称し、また本庄を称するに至る。すなわち系図によると、武蔵権守家行の子家弘は児玉庄大夫と称し、その子弘高が庄権守という。そして弘高の子庄太郎家長や、その弟の四方田《しほた》弘長が源頼朝に仕え、家長は一ノ谷合戦では源範頼に属して戦っている。この弘行系統の児玉氏の系図は右の通りである。

また弘行の弟経行の系統も、児玉または平児玉と称した。経行の第二子行重は秩父重綱の養子となって、秩父平太と称し、河越・江戸・畠山以下の諸氏が分立したあとの秩父氏を継承した。また経行の女は秩父重綱の妻となり、悪源太義平の乳母でもあったという。行重の孫の秩父武者太郎行俊は平治の乱に二十五歳で討死し、弟の秩父武者三郎行綱が嫡流をつぐが、行綱をはじめ秩父武者を称する人々は、多く治承・寿永の内乱（源平合戦）の時期に活躍している。そして行綱の弟友行はその第二子友重とともに和田合戦で戦死し、友行の長子友平は、畠山追討の際に二俣川で討死したとされる。この経行系統の児玉氏の系図は左の通りである。

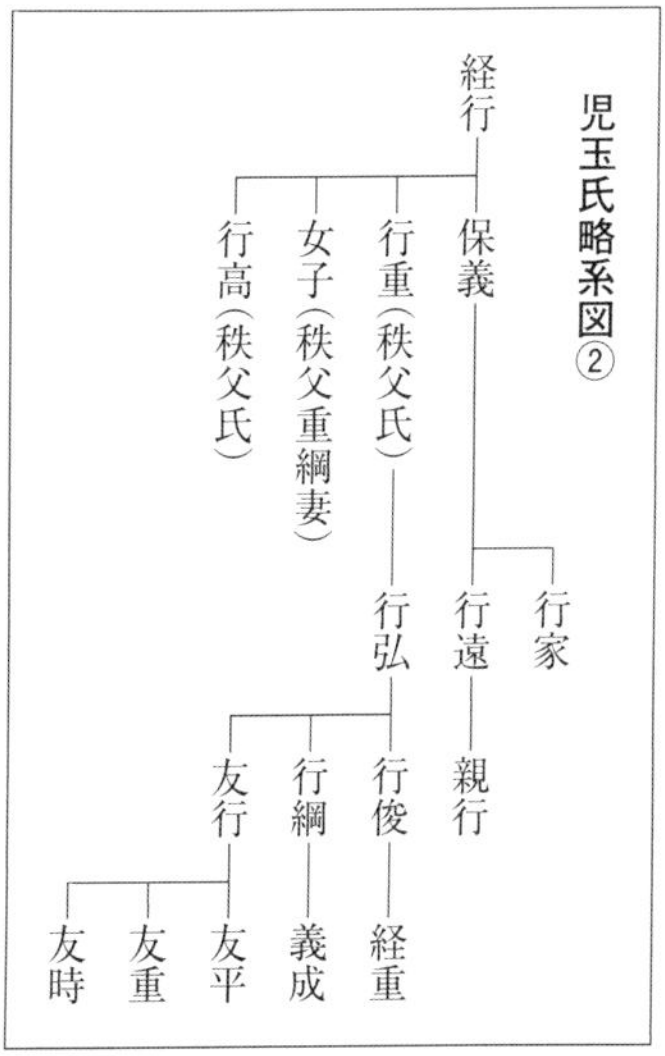

　中世初期の児玉庄の荘域は必ずしも明らかではないが、のちに若泉庄と呼ばれた地域、すなわち現在の児玉町と児玉郡神川村・神泉村及び本庄市を含む全域にひろがるものと考えられる。いま児玉町にある玉蓮寺は、寺伝によると弘安七年（一二八四）九月、児玉時国が創建したものといい、境内の墓地には大きな板石塔婆が二基残り、それぞれに嘉元二年（一三〇四）及び元徳二年（一三三〇）の銘がある。鎌倉時代における児玉氏、とくに家弘の子高家の系統の家が、このあたりに本拠を置いたことをうかがわせる遺跡といえよう。

　また本庄の地名が、庄氏・本庄氏の居住地と関連することも、ほぼ疑いない。

　なお、児玉党の諸氏の主なものの分布状態を現在の行政区画によって例示すると、まず本庄市における本庄氏及び四方田氏、児玉町の塩谷氏・真下氏のほか、入西氏（川越市）・浅羽氏（坂戸市）・小代氏《しょうだい》（東松山市）・越生氏《おごせ》（越生町）などがある。また吉島氏・倉賀野氏・片山氏・大類氏など、上野国群馬郡・多野郡・甘楽郡などに展開した諸氏もある。

浅羽・小代・越生の諸氏

以上の諸氏のうち、とくに児玉弘行の第二子資行から分かれたものは、いずれも鎌倉幕府創立期に御家人として活躍する人々を出しているので、これらについて若干の説明を加えよう。

まず浅羽氏は、資行の長子行業が入間郡浅羽に居住し、浅羽小太夫と称したことに始まる。浅羽は現在の坂戸市の西部地域で、東北流する高麗川と、その北側を流れる越辺川との合流点より上流、越辺川南岸から高麗川流域を占める広潤な地帯である。この地域の西南部の萱方には、浅羽氏の居館址が残っており、また北浅羽には浅羽氏が建立したと伝える地蔵院万福寺があり、浅羽氏の本領の領域をほぼ推定することができる。また万福寺に伝えられた建武三年（一三三六）の古文書に「浅羽庄内の水田十町、畠十町」を寄進することが見えているから、おそらく鎌倉時代には、浅羽氏を開発領主

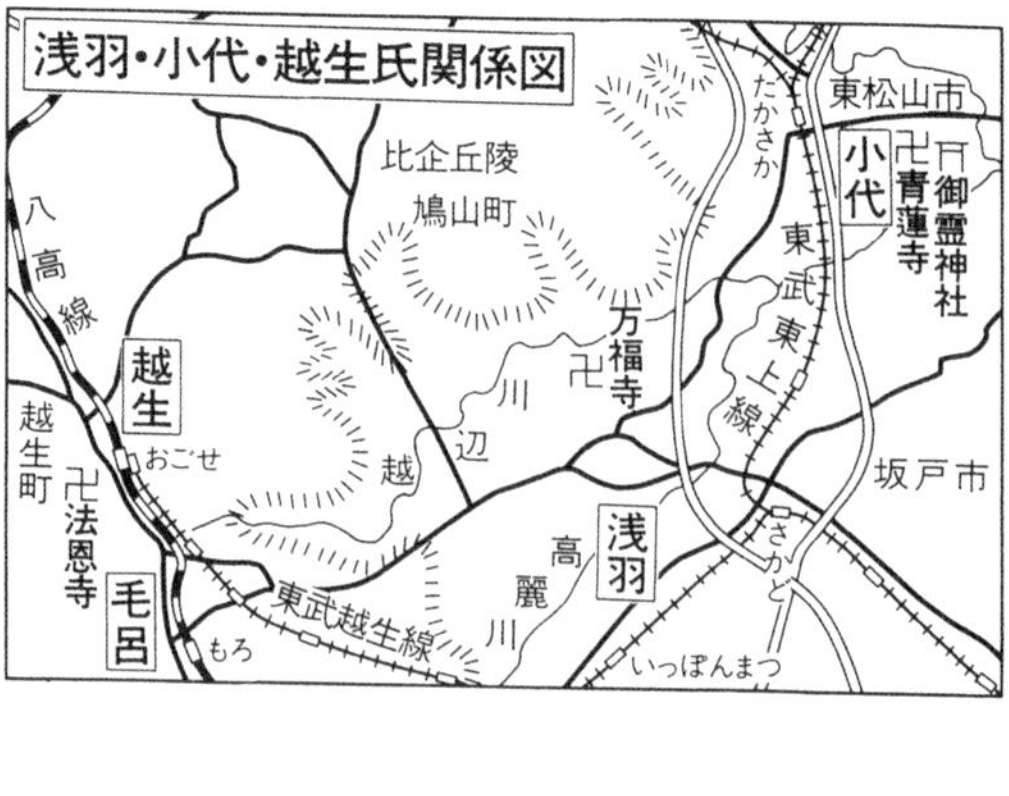

とする浅羽庄がこの地域に成立していたであろう。

ところで、この浅羽氏と幕府との関係であるが、浅羽行業の子行親は浅羽三郎と称し、『吾妻鏡』には数ヵ所に浅羽三郎があらわれる。しかし、この浅羽三郎は、どうやら遠江国の浅羽庄司の人らしく、行親が鎌倉御家人となった徴証はない。そして行親の子息の小三郎行光及び五郎行長になると、明らかに鎌倉御家人としての行動のあとを、『吾妻鏡』の中に見せている。

すなわち、行光は文治三年（一一八七）八月十五日の鶴岡放生会に際して行われた流鏑馬の的立役をつとめており、行長は文治五年（一一八九）七月十九日、奥羽追討のために進発した頼朝麾下の武士たちの中に、その名を見せる。そして、この両者と行長の子息大河源太郎行家は、建久元年（一一九〇）の頼朝上洛に際しての供奉の随兵の中に加わっている。一般的な御家人としての浅羽氏の活動が知られるであろう。

なお、大河原太郎の名字の地は、現在の飯能市の市街地を西にはずれた名栗川右岸の大河原地区と推定される。また系図によれば、浅羽三郎行親の弟盛行は小見野四郎と称し、その弟行直は粟生田《あおうだ》五郎と称したという。小見野は現在の比企郡川島町の北部地域で、中世では比企氏の所領の北に接する小域であったと思う。そして粟生田は、いまの坂戸町、市街地の北西、高麗川右岸地域である。浅羽氏の発展の範囲を知る上での、一つの手がかりとなるであろう。

浅羽氏の祖行業の弟遠広は入間郡小代（勝代）郷に居住し、小代二郎大夫と称した。これが小代氏の祖という。その本拠地の小代郷は、いまの東松山市の東南地区にある正代である。

現在、この地にある青蓮寺及び御霊神社（悪源太義平を祀る）の地域が、小代氏の館跡と伝えるが、ここは比企丘陵の尾根の一つが東にのびた山鼻の平野地に接しようとする突端部で、その東には都幾川と越辺川にはさまれた沃野が、この両河の合流点にまで広がるという景観をもつ地域である。一見して中世武士＝在地領主の館跡にふさわしい地形と判断できる。小代氏の故地であることは疑いない。なお青蓮寺境内には高さ一・八メートル、幅六〇センチ、厚さ六センチ余りの緑泥片岩の板碑があり、その銘文には、弘安四年（一二八一）七月に小代重俊（遠広の曾孫）の徳をしのんで一門の人々が協力して建立したものとある。この寺は小代氏一門の菩提寺であったと思われる。

遠広の子、小代八郎行平は鎌倉御家人として一ノ谷合戦では源範頼に従い、また奥州征討のときは頼朝に従って出陣している。また頼朝の両度の上洛に際しても、その随兵の中に加わっていた。行平はこれらの功績によってであろうが、安芸国壬生庄の地頭職を賜わった。元久元年（一二〇四）七月にはこの地頭職をめぐって山形五郎為忠なる者と相論を起こし、将軍実朝の直接の裁決をうけている。また和田合戦では、行平が北条泰時の下で活躍したことが『吾妻鏡』に見える。

この行平の兄に七郎遠平があり、『武蔵七党系図』によると、親平・俊平の二子があり、俊平の系統は「遠平―俊平（古田小二郎）―重俊（二郎平内左衛門尉）―重泰（二郎）」となっているが、一方で行平の系統は「行平―俊平（二郎）―俊重（二郎左衛門尉）」となっている。両系統に俊平があり、同じ二郎であるから、別人とも見えず、おそらくはいずれかが養子関係であったのであろう。そして、『小代文書』の中に、宝治元年（一二四七）六月二十三日の地頭職補任状があり、それによると、平内右衛門尉重俊が、子息重康の忠により、肥後国玉名郡の野原庄の地頭になったことがわかる。この子息重康は、系図の重泰であろうし、平内右衛門尉重俊は、系図では左衛門尉となっているが、これは系図の誤りであろう。この野原庄地頭職は、宝治の乱における勲功賞に相違ない。また小代右衛門尉重俊が土佐国稲吉乙松名を所領としていたことが、『小代文書』文永八年（一二七一）六月二十日の関東御教書によって知られる。

そして、蒙古襲来に際し、幕府は西国に所領をもつ御家人に対し、それぞれの所領に下向すべきことを命じたが、『小代文書』の文永八年九月十三日の関東御教書では、「速かに肥後国所領に下向し、異国の防禦を致すべし」と「小代右衛門尉子息等」に命じている。おそらく、この時点では重俊が死去していたため、「子息等」に変えたのであろう。そして、あとを継いだ惣領重康が実際に現地に下向したのは、文永十二年（一二七五）であった。これ以後、重俊の系統の小代氏は肥後国に移住したのである。先に述べた青蓮寺の板石塔婆の建立とほぼ同じ時期に、野原庄内の浄業寺には、五輪の供養塔が建立されている。これは一族の西遷という新しい事態に対処して、その団結を強化する必要から生まれたものと考えられる。

次に越生《おごせ》氏は資行の第三子有行に始まる。有行は越生新大夫と称し、その子越生右馬允有弘は文治五年（一一八九）の奥州征討に従軍している。現存する越生氏関係の古文書（『報恩寺年譜』）から綜合的に判断すると、越生氏の本領は越生郷であったが、それは現在の入間郡越生町の中心部、すなわち越辺川上流の流域である箕和田・如意・上野・越生（今市）・西和田・黒岩・鹿下《しかのした》などを含む地域であった。そして越生有弘の時代には、この越生郷の地頭職のほか、高麗川上流の吾那（現在の吾野。飯能市北部地域）や入間川流域の広瀬郷（現在の狭山市及び入間市）などをも、その所領として幕府から安堵をうけていた。また越生郷も右に述べた地域をさらに拡大して、東の小丘陵を一つ越えた大豆《まめ》戸《ど》地域をも包含していたらしい。

これらの所領（地頭職）は有弘からその子左馬允有高に譲られ、承元二年（一二〇八）三月、将軍家政所下文によって安堵されている。また宝治元年（一二四七）六月に、有高がこの所領を子息の左兵衛尉末永（有直）に譲与したところの譲状も現存している。

いま越生町越生に、氏寺の法恩寺があり、越生氏関係の古文書を残すが、さらにその西の字高取に越生氏の居館址がある。

こうして鎌倉初期における越生氏の本領を見ると、越生地区を中心に越辺川のつくる谷を東に進出し、西は浅羽氏の所領に接したものと思われる。

ところで、承元二年（一二〇八）に所領安堵をうけた有高は、承久三年（一二二一）の承久の乱に戦功をあげ、その勲功賞として但馬国気多郡日置郷の地頭職を与えられている。また播磨国にも所領を有したといわれる。しかし、越生氏の場合は、その主流が西国に下向することはなく、鎌倉時代を通じて、その本貫地域の所領経営・知行を続けていったようである。

以上、児玉党を構成する同族武士団のうちで、とくに児玉郡から遠く離れた地域、すなわち越辺川・高麗川流域に新しい経営地を拓いた浅羽・小代・越生の三氏について概観した。もともと、この三氏の祖資行が入間郡入西《にっさい》（現在の坂戸市西北地域、北浅羽付近と考えられる）を居住地とした当然の結果でもあろうが、この三氏が隣接した地域に新しい経営地を拓いて、同族的関係に加え、地縁的結合をも可能とする所領支配の体制を作っていたことは興味深い。この入間郡北部地域に児玉党の一つの拠点ができていたと見るべきであろう。

5　野与党と村山党

野与党の系譜とその人々

武蔵七党のうち、桓武平氏に系譜をひくとされるのが野与党と村山党である。『武蔵七党系図』によると、村岡次郎平忠頼の子で、平忠常の弟に胤宗があり、その子元（基）宗が野与の庄司となって野与氏を称し、また元宗の第二子頼任が村山党の祖とされている。この野与・村山の祖となる胤宗は、『相馬系図』では忠恒（常）の子とされ、『尊卑分脈』や『桓武平氏系図』では、その名が見えない。その実在を全く否定することもできないが、必ずしも信じられない存在である。

しかし、実際に野与党が存在したことは歴史的事実であるから、その桓武平氏とのつながりは不問にするとしても、元宗の孫の野与六郎行基以後のことは七党系図の中の『野与系図』を参考にしながら、この一族について考察する以外に方法がない。

野与党に属する諸氏の数は、系図によれば二十余となるが、その主なものを、それぞれの本拠地の所在の現在地名とともに列記すれば、鬼窪氏・白岡氏（南埼玉郡白岡町）、金重氏・箕勾《みのわ》氏・渋江氏（岩槻市）、八条氏（八潮市）、笠原氏（鴻巣市）、道智氏・多賀谷氏（北埼玉郡騎西町）、大蔵氏（比企郡嵐山町）などを挙げることができる。野与党の発生の地といわれる野与庄の位置は、これを明らかにすることができないが、右のように野与党の諸氏の多くが南北埼玉郡の各地に割拠しているところから推定すれば、おそらく埼玉郡の内にあったものと思う。いうまでもなく、この地域は当時の利根川と荒川の間に展開した肥沃な土地であった。

次に野与党の諸氏のうち、鎌倉前期までに鎌倉御家人として『吾妻鏡』以下の記録に残る人人について述べると、まず源頼朝の第一回上洛のときの随兵の中には、道智次郎・多賀谷小三郎・道後小次郎・笠原高六らの名が見える。

このうち道智氏は、行基の弟頼意が北埼玉郡田ヶ谷村大字道地（現在の騎西町北西部）に居住したのに始まるが、道智次郎は頼意の子頼基と推定される。また系図によると、頼基の長子直基は道智氏を継承したが、第二子の光基が多賀谷（田ヶ谷）次郎と称した。多賀谷小三郎はこの光基の子息の重基である。次の道後小二郎は、光基の弟の助基であり、その子道後太郎助員は承久の乱のとき、宇治川で戦死している。そして助基の弟季頼は、北埼玉郡笠原（現在の鴻巣市の東部、元荒川の左岸地域）に居住して笠原四郎と称し、その子平五頼直は、平氏に従って木曽義仲を攻めたが、のち頼朝のもとに参向したという。右の笠原高六はこの頼直の子泰直である。しかし、建久六年（一一九五）の頼朝再度の上洛の随兵に笠原六郎があり、系図の一つには頼直を六郎としているものもあり、また泰直の子泰光が正応四年（一二九一）六月の平頼綱の謀叛に与して死没している事実から年代を逆算すると、泰直が文治年間に活躍するはずもないので、頼朝時代にその随兵を務めたのは頼直でなければならない。高六としたのは『吾妻鏡』の誤りか、あるいは頼直を六郎または高六と呼んだか、そのいずれかであろう。

それにしても、次の系図で明らかなように第一回上洛に随兵としてあらわれる道智氏一門は三世代にわたるのである。

上に道智頼基と推定した道智次郎は、あるいは頼基の第二子光基とするのが正しいかとも思われる。

なお笠原氏について付言すれば、頼直の弟に十郎左衛門尉親景があり、弓馬の名手として、頼朝・頼家二代の間に、しばしば小笠懸・流鏑馬あるいは巻狩の射手として『吾妻鏡』にその名を見せる。

道智氏系図

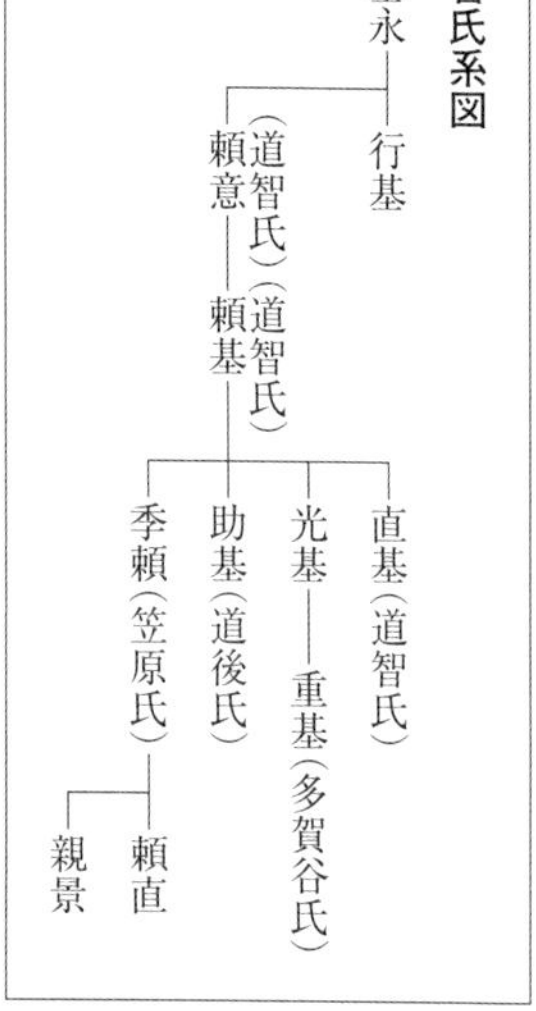

しかし、親景は比企能員の女婿であったため、比企氏の乱で討たれた。

次に、道智頼意の弟経長は、比企郡大蔵に居住して大蔵氏となるが、経長の子大蔵新大夫行長の第二子が、鬼窪小四郎行親である。行親は文治元年（一一八五）三月、鎮西にあった範頼のもとに、頼朝の命令を伝える使節となったことが、『吾妻鏡』に見え、また和田の乱では北条義時に従って勲功をあげ、乱の直後に侍所所司に任ぜられた。

経長の第二子経光は箕勾（現在の岩槻市箕輪）に本拠を据え、箕勾氏となり、その弟経遠は渋江郷（現在の岩槻市中心部）に居住して渋江氏を称した。この渋江氏は兄経光の子五郎光衡に継承されたようで、以後この系統が渋江を称し、渋江郷地頭職を相承した。また光衡は大河土御厨内八条郷（現在の八潮市）の地頭職をも持っており、建保元年（一二一三）五月にこれを安堵されたことが『吾妻鏡』に記録されている。

村山党と金子十郎家忠

野与党と問題の村山党は、『武蔵七党系図』によれば野与基永の弟頼任にはじまる。『相馬系図』では、この頼任は平忠常の子恒親の孫とされている。いずれも、あまり信憑性は高くない。いずれにしても武蔵国村山郷に開発地を有した在地領主が、その系譜を桓武平氏に仮託したことから生まれたものであろう。

ところで、当時の村山郷とは、西多摩郡の東端から北多摩郡・入間郡の両郡にまたがる丘陵一帯を含む地域であった。これを現在の地名で示せば、西は西多摩郡瑞穂町の箱根ヶ崎・石畑・殿ヶ谷地区から、東にのびる狭山丘陵・狭山湖・多摩湖の地域を含んで、北は所沢市の山口・北野、東は東村山市の野口町・久米川町に至る地域ということになろう。

この村山郷を発祥地とする村山党であったが、その分布・発展は東北方の入間郡を中心として行われた。中世初期において党を構成する武士団は十数氏にのぼるが、その主なものは宮寺氏（入間市宮寺）、山口氏（所沢市山口）、須黒氏（旧勝呂村地区、現在の坂戸市東部の赤尾・島田・石井・塚越を含む地域、北及び東は越辺川）、仙波氏（川越市仙波町地域）、久米氏（所沢市久米）、荒幡氏（所沢市荒幡）、大井氏（入間郡大井町）、難波田氏（富士見市上南畑・下南畑地区）、金子氏（入間市金子）などである。

この村山党については、『吾妻鏡』治承四年（一一八〇）八月二十六日条に、「金子・村山の輩」が河越重頼・江戸重長らとともに、三浦氏の衣笠城を攻撃した記事があり、この時期にすでに強力な武士団を作り上げていたことと推定される。また元久二年（一二〇五）六月の畠山重忠討滅の戦いにも、

「児玉・横山・金子・村山党の者共」と見えていて、金子・村山党が児玉・横山両党とならぶ武蔵の代表的な党的武士団の一つであったことがわかる。

村山党における村山氏の嫡系は、頼任―頼家―家継までが系図の上でわかるが、その後は諸家の分出があるのみで明瞭でない。しかし、西多摩郡瑞穂町殿ヶ谷にある福正寺は村山氏の菩提寺といわれ、その地名から見てもこのあたりに村山氏の館があったように思われる。

村山党の諸氏のうち、まず山口氏は村山頼家の第三子家継が山口（所沢市上山口及び山口）に居住し、山口七郎と称したことに始まり、家継は保元の乱に源義朝に従っているから、いわゆる源家譜代の家人であったと思う。この山口の地は狭山丘陵を割って流れる柳瀬川の流域で、この地域にはいまも居館址と伝える児泉城や堀之内の地名が残り、また山口氏の菩提寺の瑞岩寺がある。

この家継の子、山口六郎家俊の孫が須黒太郎恒高で、その館跡と伝えるものが坂戸市石井にある。この恒高は弟の家時とともに承久合戦に従軍し、宇治川で負傷している。

また家俊の弟家信は仙波七郎といい仙波氏の祖となるが、この家信も保元の乱で、義朝に従っている。そして彼の長子仙波平太信平、次子の仙波二郎安家は『吾妻鏡』に頼朝の随兵として名を見せる。また承久の宇治川合戦における負傷者の中に、仙波太郎・仙波左衛門尉、そして戦死者の中に仙波弥次郎があり、それぞれ信平の子太郎信恒、信平の弟三郎左衛門尉家行、そして安家の次子弥二郎光時と推定し得る。ただし『武蔵七党系図』には信恒・家行ともに宇治川合戦で溺れ死んだと註記されている。いずれが正しいかは断定できない。

次に金子氏は山口家継の弟家範が入間郡金子の地（現在の入間市西端地区）を本拠としたのに始まる。その長子金子小太郎高範は、保元・平治の乱に義朝に従い、また頼朝の奥州征討に際し、供奉の人数の中に加えられ、さらに上洛にも随っている。彼は難波田に居館を置き、難波田氏の祖となるが、彼の弟が源平合戦の場で、武勇を以て名を揚げた金子十郎家忠である。

家忠は十九歳で保元の乱に初陣し、平治の乱では、悪源太義平に従う十七騎の一人として奮戦している。源頼朝挙兵のとき、金子・村山党の一人として、三浦氏の衣笠城攻撃に加わったが、やがて頼朝の下に参向した。木曾義仲追討の宇治川合戦を始め、一ノ谷・屋島の戦には、弟の余一近範とともに転戦して戦功をあげた。とくに屋島の合戦で兄弟が越中兵衛尉盛嗣（次）にたち向かって詞戦《ことばいくさ》をたたかわせ、近範がその剛弓を以て盛嗣の鎧の胸板を射抜いた話が、『平家物語』にある。

文治元年（一一八五）十月二十四日、頼朝が勝長寿院の供養に赴いたとき、その行列の最末に「弓馬の達者」六十人を精選して供奉させたという記事が『吾妻鏡』にあるが、金子十郎もその中に加わっている。兄弟ともに弓馬の術にすぐれていたことがわかる。

家忠は頼朝の両度の上洛を始め、その他、公式の他行の際にもほとんどその随兵に加わるなど、忠勤に励んだ。そうした戦功と忠勤の恩賞であろうか、家忠は法隆寺領播磨国鵤《いかるが》庄の地頭職を与えられていたが、文治三年（一一八七）三月にその濫妨を領家側から訴えられ、幕府よりその押領を停止すべく命ぜられている。

なお、近範の子、太郎近吉は建保元年（一二一三）の和田氏の叛逆に加担して殺されている。

金子家忠は建保四年（一二一六）に死去したと伝えられるが、その遺跡としては、入間市木蓮寺地区に金竜山瑞泉院がある。これは家忠の創建といわれ、その境内一帯が金子氏の館跡であるという。創建当時の規模はかなり大きいものであったと推定されているが、現在、館の痕跡は明確でない。いま境内には金子一族の墓と称する宝篋印塔が残る。

なお、ほかに家忠関係の史蹟として、青梅塩船の大悲山塩船観音寺がある。この寺の創建の由緒は古いが、鎌倉時代には所領が隣接する金子十郎家忠一族が深く帰依し、しばしば伽藍や諸仏像の再建・修理を行っている。この寺の板碑堂には、永仁四年（一二九六）の銘のある、高さ二メートルの大板碑（板石塔婆）が保存されてあり、また参道脇の大杉の下には、家忠の子金王丸の供養塔と伝えられる一基の五輪塔が残っている。

6　その他の諸党

西党と平山武者所季重

武蔵七党の一つに数えられ、いまの府中市すなわち当時の武蔵国府の西部地域、多摩川流域一帯に展開したのが西党である。その北隣には村山党の勢力圏があり、また東側から南にかけては横山党の諸氏の支配地域との錯綜がみられる。

『武蔵七党系図』によれば、西党は日奉《ひまつり》氏で、日奉宗頼が武蔵守となって下向し、その子孫が在庁官人となって土着したという。西党の諸氏が多摩郡一帯から都筑・橘樹両郡にひろがり、とくにその中心となる家々の本拠地が百草・平山・日野・立川などの地域で、いずれも国府に近い処であることから類推すれば、西党の人々が在庁官人として活躍し、在地領主として成長したであろうことは首肯できる。また古く武蔵国造族として日奉氏があり、これに西党の系譜を求めることは、あるいは正しいかも知れない。しかし「日奉宗頼が武蔵守として下向」というのは全く史実とは認められない。さらに、西党が繁衍した地域には古く由比牧・小川牧があったといわれ、これらの牧の管理と西党の関係も考えられるが、確かなことはわからない。

なお、西党の呼称の由来について、国府の西一帯を領有したので西氏と称したという説と、日奉は日祀とも書き、これを音読して、「にし」としたという説などがあるが、いずれも信頼することはできない。

西党一族について、七党系図の『西党系図』はかなり杜撰《ずさん》で信憑性に乏しいが、武蔵守宗頼の孫宗忠が西内大夫と称し、それ以後、その嫡流が西氏となったとする。現在の東京都日野市の西北地域の七塚（市内日野字七塚）にある「七ツ塚古墳群」は古墳時代末期のものとされているが、この地がま

小川氏系図

- 宗弘
  - 弘直（真）（太郎）
    - 直高（真）――景直――景綱
    - 直季（真）――季能（義）――季直
  - 弘季（末）（二郎）――弘持（時）――時中――佐久（弘）

た西党の故地ともされ、ともに平安末期以来の日奉氏（西氏）の居館址と伝えられている。北に多摩川、西に谷地川の険崖があり、南東に広野がひらける要害の地で、地形的には中世初期の在地武士の居館の地と見てもよいと思われる。またその近く（日野市日野字東光寺）にある東光寺薬師堂は宗頼の創建と伝えるが、それを証明する史料は全く無い。

次に系図に見える西党一族の分布状態を概観すると、嫡流とされる西氏のほか、小川氏・二宮氏・小宮氏（以上、秋川市）、平山氏（日野市）、長沼氏・由木氏・川口氏・由井氏（以上八王子市）、立川氏（立川市）、狛江氏（狛江市）などをあげることができる。

これらのうち、小川氏及び二宮氏は、系図によれば西宗忠の第二子宗貞の曾孫小川太郎宗弘及びその弟小川四郎の子久長を、それぞれ始祖としている。『西氏系図』（『姓氏家系大辞典』所収）や『小川氏系図』（『秋川市史』所載）をもとに小川氏の系図を示せば、右のようになる。このうち、二郎弘季は、鎌倉初期の鎌倉御家人として『吾妻鏡』にその名を見せる。また季能は承久の乱に宇治川合戦で戦功をあげたとされるが、『承久記』では三浦泰村の乳兄弟の小川太郎経村が戦功をあげたことになっており、『吾妻鏡』では小河兵衛尉としてあらわれ、前後の記事関係からみて小河三郎兵衛尉直行らしい。こうして季能の戦功については不明な点があるが、小川氏がこの功により薩摩国甑島地頭職を与

えられ、季能の子とされる小川小次郎季直が実際に現地に赴いている。

また二宮氏については、『吾妻鏡』に鎌倉初期の御家人として二宮太郎朝忠・二宮小太郎光忠などの名が見え、中期の建長の頃には二宮弥次郎時光があらわれる。

これらの人々の存在により、西党の人々が多く鎌倉御家人となっていたことが察せられるが、西党の中で、最も著名な御家人は、平山武者所季重であろう。季重が一ノ谷合戦の際、西ノ城戸において熊谷次郎直実と先陣争いをしたことは先に述べたが、彼は源家譜代の家人として保元・平治合戦にも参加し、また頼朝の時代になると、平氏追討、奥州征討など、すべての戦場に姿を見せて戦功をあらわしている。

この平山氏は系図によれば西宗忠の孫宗綱の末子直季が多摩郡平山（現在の日野市平山）に本拠を置いたことにはじまる。この直季の子が季重である。平山氏の居館は、この地の多摩丘陵上の一角に営まれ、その地はいま平山城址公園となっている。より正確にいえば、もとこの地にあった大福寺が季重の居館址であったが、明治初年に廃寺となり、今は全く居館の遺跡を残さない。ただこの大福寺から移された平山季重の墓といわれる五輪塔が、現在の城址公園内北側にある宗印寺（曹洞宗）の境内に残っている。これは季重二十五代の子孫で、松本藩士の平山季長が追悼のために建立したものである。また宗印寺には季重の木像もある。

季重はこの平山の地を中心に付近の開発をすすめる一方、崇仏積善の功績も多く、高幡不動尊を再建したり、頼朝の命をうけて、五日市町（西多摩郡）横沢の大悲願寺を造営したりしている。

丹党

次に武蔵七党の一つ丹党であるが、これは『丹治系図』によると宣化天皇より出た丹治（多治比・丹墀）氏に系譜をひくというが、もとより信ずるに足りない。さらにまた天平十年（七三八）に武蔵守となった多治比広足の五代の孫武信が元慶年間（八七七〜八八四）に武蔵国に配流され、秩父・児玉両郡を押領したが、のち免刑されて都に帰り、その孫の峯時から始めて関東に居住したとするが、これもあまり信憑性がない。

天平年間における多治比広足の武蔵守のことは、広足の兄の県守が養老三年（七一九）に武蔵守となっている事実とともに、『続日本紀』に見えていて誤りのないところで、その後も延暦十年（七九一）の多治比宇美（『続日本紀』）、承和十三年（八四六）の丹墀門成、嘉祥三年（八五〇）の丹墀石雄（以上『続日本紀』）など、丹治氏の中から武蔵守となった人は多い。しかし武信を広足に結びつけるところには、疑問が残るのである。また系図によると、峯時が丹貫主と称したというが、貫主とは蔵人頭の異称であり、やがて頭すなわち主だったものという意味から、一族を統率する者として、これを私称したらしい。『武蔵七党系図』には、村山党の村山貫主、西党の西貫主、児玉党の有（道）貫主、猪俣党の野三貫主など、その始祖にこの称号を用いる例が多い。

この峯時は秩父郡内の石田牧の別当となり、その孫の武綱より武時・武平と別当職を伝領したとされている。とくに武綱は秩父郡領になったともいわれるが、丹党は大体これ以後の時代に在地領主として頭角をあらわしたものであろう。そして系図によれば、丹党の諸家はいずれも武平の子孫が分岐して繁衍したことになっている。

その多くは秩父・児玉・入間の諸郡に居住するが、主なものを列挙すれば、中村氏（秩父市）、小鹿野氏（秩父郡小鹿野町）、大河原氏（秩父郡東秩父村槻川上流地域、もと大河原郷）、横瀬氏（秩父郡横瀬村）、薄《すすき》氏（秩父郡両神村）、勅旨河原《てしがわら》氏（児玉郡上里町）、新里氏・安保氏（ともに児玉郡神川村）、榛沢氏（大里郡岡部町）、青木氏（飯能市）、高麗氏（入間郡日高町）、加治氏（飯能市）、白鳥氏・岩田氏・井戸氏（ともに秩父郡長瀞町）などをあげることができる。

これらの諸氏の中から、多くの鎌倉御家人がでていたことはいうまでもないところで、『吾妻鏡』にも丹党の諸氏の名が、かなり見出される。その中で特に注目すべきは安保氏で、今日その関係史料も多く、鎌倉御家人としての活躍が知られる。

安保氏は丹武平の孫で新里氏の始祖である綱房の第二子刑部丞実光に始まる。実光以下の安保一族は、治承四年（一一八〇）の頼朝挙兵以来の源平内乱期に有力な鎌倉御家人としての地位を獲得し、承久の乱に際しては、武蔵国の御家人の代表的存在となっていた。すなわち承久三年（一二二一）五月、北条義時以下の有力者たちの軍議が京都への進撃を決し、これを北条政子に伝えたとき、政子をして、「上洛せずんば更に官軍を敗り難きか、安保刑部丞実光以下、武蔵国の勢を相待ち、速かに参洛すべし」といわせているのである（『吾妻鏡』）。

しかし、この実光は宇治合戦において、一族の安保四郎・安保左衛門次郎・安保八郎（以上、実名は不詳）らとともに討死し、実光の子右馬允実員も負傷している。そして、この勲功賞として、実員は播磨国須富庄地頭職を賜わり、また短期間であったが、播磨国守護にも任ぜられたのであった（佐藤進一『増訂　鎌倉幕府守護制度の研究』）。

丹党の諸氏では、この安保氏のように鎌倉御家人として大きく成長したものもあったが、そのほかは御家人としてもあまり目立たない存在であったようである。それぞれの本領は児玉党の諸氏の所領と隣接・錯綜するばかりでなく、比較的山間の地に位置するものも多くて、在地領主としての規模もあまり大きくはなかったものと推定される。

私市党

おわりに、私市党《きさい》について述べると、この党はその出自を明らかにしないが、北埼玉郡を中心として、もとの男衾郡（現在は大里郡に編入）にわたって分布した武士団であった。

『私市系図』によれば、その祖を牟自（姓は不詳）といい、その五代の孫黒長より私市を称し、その孫の家盛が武蔵守となって武蔵に下向、私市を開墾して居住し、付近一帯に勢威を振うに至ったという。また私市氏が舒明天皇の皇子磯部親王から出たとする説や、藤原秀郷に結びつける伝説もある。しかし、いずれも信憑性はない。

私市の呼称は古代の私部《きさいべ》と関係あるもののようであるが、地名としては騎西に通じ、現在の北埼玉郡騎西町のあたりが私市氏の本拠地であったと推定される。この地については『平家物語』や『源平盛衰記』などに「騎西育ちの名馬」といった表現があり、古くから馬牧があり、私市氏はその肥沃な土地を開墾して在地領主化したのであろう。

なお、この騎西地域には、前に述べたように、野与党の道智・高柳以下諸氏の本領に近接し、互いに広大な私領を占有し難い形勢を示している。そのことから考えて、私市氏の所領規模も小さく、私市氏は小武士団を形成したにすぎないといわざるを得ない。

またその本領の所在の、地理的・政治的条件によってか、私市党に属する諸氏には、騎西の地から遠隔の地に、新たな所領を開いたと見られるものが多い。系図によれば、私市氏の祖とされる家盛の五代の孫、成方がその嫡流を継承しながらも、北埼玉郡河原村（現在の南河原村）に居住し、河原氏を称している。嫡流家が私市の本貫地を離れて、移ったのであろうか。

この河原氏のほか、系図に見える私市党諸氏の主なものには、太田氏（久喜市）、久下氏・楊井氏・市田氏（以上熊谷市）、成木氏（青梅市）などがある。

このうち、歴史上に著名なものは久下氏で、系図によると、私市家盛の弟為家を祖とするが、その後は重家・則氏と代々久下太郎を称した。そして則氏の第二子憲重の子が久下権守直光である。直光は石橋山合戦のときから頼朝に仕え、一ノ谷合戦にも戦功をあげているが、その所領の境界について、熊谷次郎直実と争い、頼朝の前で対決をとげたことは、前述の通りである。いま熊谷市久下の地にその館跡が残るというが、定かではない。

また鎌倉御家人として、『吾妻鏡』に名を残すものとしては、この久下直光のほか、河原成方の孫の河原太郎有直・同次郎高直があり、一ノ谷合戦で源範頼の軍に従い、生田森の先陣を果たし、ともに討死した。いま北埼玉郡南御原村に館跡と伝えるものが残り、また同村内の観福寺にはこの兄弟の供養塔と称する板石塔婆があり、それぞれに文応二年（一二六一）、文永二年（一二六五）の銘がみられる。

以上、私市党は鎌倉御家人としても著名なものは少なく、中世初期における武蔵七党の中では、比較的小規模な党であった。

あとがき

日本中世史の序幕を飾る鎌倉政権の成立について、源頼朝の卓越した政治的資質が大きな役割を果たしたことはいうまでもない。しかしその頼朝の果たした歴史的な業績も、実は彼を支えた東国武士の存在を無視しては、これを語ることもできない。というよりもむしろ、この新しい日本中世史をひらいた原動力は、草深い東国に独自の土地支配を展開してきた東国武士団であったというべきであろう。彼等こそが、古代的な支配を克服し、新しい中世社会を生み出す苦闘の歴史の、いわば序幕ともいうべき古代末期の内乱――いわゆる源平合戦――の舞台における主役であった。この古代から中世への変革期の冒頭において、彼等は自らの命とその一家一門の運命を賭けて、動乱を体験し、同時に彼等の戦闘組織である中世的武士団を育てあげていったのである。そして、東国武士の中で、頼朝の政権創業の鍵を握り、その政権の成立の成否を左右するほどの位置にあったのが、関東で最も広い地域を占めていた武蔵国の武士団であった。頼朝が関東を征圧し得るだけの武力を結集するか否かは、すべてこの武蔵武士団の向背にかかっていたのである。

早くから、鎌倉政権の成立とその成長の政治的経過に歴史学的興味をもち、またこの政権を支えたところの、いわゆる中世武士団の発生と構造などを研究対象の一つとしてきた私は、当然のこととして武蔵武士全体について、強い関心を寄せ、またそれなりの知識をもっていた。しかし、それぞれの武蔵武士団の成立事情や相互の関係、さらには鎌倉御家人としての武蔵武士の活動情況の詳細について、綜合的知識として纒めるといった作業は、その必要性を自覚しながらも、怠惰のために容易に果たすことができなかった。またこれまで、武蔵武士団についての綜合的研究書としては、渡辺世祐・八代国治両氏の共著になる『武蔵武士』（大正二年初版）があるのみで、私自身の知識も、ほとんどこの書によって与えられた域を出るものではなかった。ところが、この書も現在の歴史学の水準から見れば、かなり古く、また多くの疑問点があることは否定できない。そこで、現在の日本史の研究水準を踏まえた上で、新しい視座から武蔵武士を考究することは、成立期武士団の研究の上からも、必須の要件であることを、私自身も痛感するところであった。

たまたま有隣堂編集部から、「武蔵の武士団」について執筆することを慫慂されたとき、右のような気持から、喜んでこれを承諾し、最近十数年の間に、主として現地の研究者によって発表されている個々の武蔵武士研究の成果に教えられながら、武蔵武士団全体の概観を試みようと決意した。私としては、この書を、武蔵武士研究の出発点として、いわば個々の武士団の研究の前提となる基礎的理解をかためるための作業としたいと思ったのである。

そこで、まず武蔵における個々の武士団の故地を実地踏査し、その地勢的景観を充分に把握するとともに、各地の在地武士の城址・館跡を調べることから始めた。とくに各地に伝承として残る城址などは、例外なく戦国期のものであり、現地に立って、戦国時代のヴェールをはがし、鎌倉時代に遡ったときの姿をそれぞれに想像することに努めた。しかし、これは容易ならざることで、結果的には、ほとんど不可能であることを知らされ、ただ丘陵や河川（これも流域を変えているはずだが）の景観から、十二世紀頃の、いわば中世初期の在地武士の本拠地を推定し得るのみであった。

そして、この調査結果を踏まえ、比較的残存率の少ない武士団関係史料にたよって、本書をまとめる仕事に入ったのではあるが、これまた容易なことではなく、荏苒として年月をかさね、編集部には多大の御迷惑をかけることとなった。

こうして、ようやく本書は出来上ったが、現地調査に際しては、各地の方々から多くの御教示をいただき、また文化財掲載については、ご所蔵寺院などから快くご許可いただいた。一部の写真については、埼玉県立博物館の協力を受けた。ここに深く謝意を表したい。

昭和五十九年十二月

安田元久

『武蔵の武士団』の核心とその影響力

伊藤一美

武士団の原型

一九六九年の秋、和歌山県湯浅町の施無畏寺で、寺蔵の古文書原本を前に安田元久先生は「湯浅党」武士団の説明をしてくださった。恒例の研修旅行の一コマである。既に一九五〇年以前に先生は、「鎌倉時代に於ける武士団の構造—紀伊国湯浅党に就いて」（以下「湯浅党」と略称）という論文を作成され、湯浅一族の歴史は熟知されていた（『初期封建制の構成』国土社、一九五〇年）。一九六四年、先生は著書『武士団』（塙書房）にその論文を再録され、あわせて新稿「武士団形成史論」を書かれた。そのまえがきで湯浅党の論文が「武士団の構造」に関する構想の基本でその考えが変わっていないこと、後者は『岩波講座日本歴史』古代4（岩波書店、一九六二年）所収の「武士団の形成」を骨子としたことを記されている。

古代末期から中世初期、それは封建制成立期にあたり、「初期封建制」という歴史概念を先生はよく使用され、編著書にも良く使われていた。先生の意図は「武士団」が政治的・社会的な役割を果たしながらも、どのように自己形成していったのか、という学問的課題にあり、その概念を具体化するべく、既に早く追及されていた。さらに論文「鎌倉時代の地頭制度」も「湯浅党」論文と共に最初の著書に収められ、以降、先生の大きな研究の柱となったことは言うまでもない。

「党」を結ぶ西国武士団の存在は、東国の武士団構造を考えるための大きな契機となり、関東地域の武士団成立にその追及の矛先が向けられていく。既に一九六〇年「古代末期における関東武士団」（安田編『日本封建制成立の諸前提』吉川弘文館、一九六〇年）で、『保元物語』に見える武士名の散らばりに注目していた。すなわち、武蔵国では豊島・成田・別府・横山・児玉・金子など多数に上る名が見えるのに、上総では上総広常、下総では千葉常胤しかでてこない。「この著しい懸隔の意味」を、武蔵では武蔵七党を代表とするような「党的結合を保った同族的武士団」であったこと、上総や下総では既に「豪族的領主」である上総氏や千葉氏による中小武士への組織化が進んでいたと、地域による発展的差異を想定されたのである。だから源義朝との服属関係（主従制）では、武蔵においては中小武士と個別的に、下総・上総では上総氏や千葉氏ら豪族的武士団の首長を摑むことでそれ以下の武士層を把握できたと考えられたのである。

武蔵国の特異性

本書『武蔵の武士団　その成立と故地を探る』は、一九八四年に有隣堂から新書として発刊された。本書では、武士団が多く生まれた武蔵国の特徴を以下のようにとらえている。①「重畳する丘陵とその間の多くの小河川流域」は「各所に一応隔絶された狭小地域を作り出した」ので、「小武士団の独立維持を容易にした」、その分「武士団を大きく統合する上での困難さ」があった（一二頁）。②「四周に隣接する七ケ国をもつという」武蔵国の位置には「種々の政治的複雑性が含まれていた」（一七頁）。③「父祖の地鎌倉を本拠に定めんと意図した頼朝」が「鎌倉から西へ向かって軍を動かす場合に、武蔵国は直接にその背後の防禦のための武力を配さねばならない地域」で、「東海道方面から東山道へと勢力圏を拡大しようとするとき、戦略の上からは最も重要な前進拠点となるべき国であった」（一八頁）と述べられる。

こうした視点について、先生は既に早く概説本でおおよその流れは指摘されていた。『歴史読本』一九六七年三月号（新人物往来社）の「武蔵七党」では、風土に沿って独自な発展を遂げて行く武蔵国の「党的な武士団」に注意され、隣国の相模・甲斐・上総・下総における武士団統合の歩みの差異を強調されていた。こうした地域的な特色の上に、河内源氏による東国への進出が武蔵国武士団の統合に大きく関わっていたことも指摘されていた（『歴史読本』一九七〇年五月号「東国における武士団」）。特に源頼義の前九年合戦を契機として東国武士層は徐々に彼の下に結集し、おおよそ一一世紀の末には義家・為義・義朝とつながり、武蔵・相模の武士らは「源家譜代の家人」となっていくのであった。

武士は国衙領から発生する

先生の主張される武士団概念は、奥田真啓「武士階級の成立発展」（『新日本史講座』中央公論社、一九四八年）の考え方を継承していた。つまり、武士の発生は荘園村落の土地関係を基礎にした公郷村落、いわば国衙領から生まれ、その初めは在庁・留守所などの職務を通じて領主的な発展を遂げて行ったものと考えられていたのである（「武士政権の成立と構造」『日本歴史講座』河出書房、一九五一年）。この点は、当時最新説であった石母田正氏の領主制論への接近でもあった（『中世的世界の形成』伊藤書店、一九四六年。『古代末期の政治過程及政治形態』〈「社会構成史大系」〉日本評論社、一九五〇年）。

特に武士団成立の基盤に関しては、石母田氏が提起した①豪族的領主層、②地頭級開発領主層、③田堵名主層、の問題点を整理して、北海道大学在職時代に「武士発生史に関する覚書」（『北大史学』三、一九五五年）を書かれている。武士団は在地領主を中核とし、その内部は封建的ヒエラルヒーが形成され、一個の戦闘的権力組織であると述べている。以後は、先生の武士及び武士団論は通説の位置を占めるようになっていく（岩波講座『日本歴史』古代4所収「武士団の形成」岩波書店、一九六二年）。

地域と中央を常に関連させる視点

先生の武士及び武士団研究の流れを垣間見てきたが、緻密な史料への読み込み、さらに武士の出身地へのこだわりも強く持たれていた。

一九六〇年代から、新たな埼玉県史の編纂が始まり、全国に散らばる武蔵武士関係史料の調査研究が進められていた。また現地研究者による武蔵武士の研究成果もいくつも現れてきていた。私事にわたるが、私も大学院修士課程時代から埼玉県史編纂調査員を務めさせていただき、武蔵武士の研究を先生の御指導を頂きながら進めていたのもほぼ同じ頃であった。後に先生から書名も付けていただき、『武蔵武士団の一様態―安保氏の研究』（文献出版、一九八一年）として一書にしたのも、懐かしい思い出でもある。

先生は、「本書を、武蔵武士研究の出発点として、いわば個々の武士団の研究の前提となる基礎的理解をかためるための作業としたい」という想いを強く持っておられ、「個々の武士団の故地を実地調査し、その地勢的景観を充分に把握するとともに、各地の在地武士の城址・館跡を調べることから始めた」「現地に立って、戦国時代のヴェールをはがし、鎌倉時代に遡ったときの姿をそれぞれに想像することに努めた」が「結果的には、ほとんど不可能であることを知らされ、……景観から、十二世紀頃の、いわば中世初期の在地武士の本拠地を推定し得るのみであった」と「あとがき」に述べられている。埼玉県内の武蔵武士団の本拠地もこの頃から開発が進み、景観自体が大きく変わりつつある時期でもあった。

本書の眼目

こうした先生の想いが籠められた本書の特徴を改めて述べていきたい。

一九一三年刊行の渡辺世祐・八代国治著『武蔵武士』（復刻本・有峰書店、一九七一年）を、最新の武士団研究状況に基づき改めて見直し考えていくことを先生は標榜された。その意図からも本書『武蔵の武士団』の編目はかなり似通ったものとなっている。『武蔵武士』上編が先生の「一　鎌倉幕府成立と鎌倉武士」にあたり、同書上編第四章と下編は「二　秩父武士団の人々」「三　源家譜代の武士たち」「四　武蔵七党」に相当する（菊池紳一「武蔵武士の概念と特色」〈北条氏研究会編『武蔵武士の諸相』〉勉誠出版、二〇一七年）。なかでも代々仕えてきた源氏譜代の武士とそれ以外の者を分けて考えようとされている。これも先生が河内源氏との繋がりが東国武士団、なかでも武蔵武士団の基盤を作っていったと考えられていたからである。また下野出身の藤原秀郷流の大河戸氏を武蔵武士団の一つとみたことも重要である。これは武蔵国がかつて東山道に属し、後に東海道に変更されたことも含め、「武蔵国大河土（戸）御厨」が源家相伝の地であり、頼朝によって伊勢豊受大神宮に寄進されたという『吾妻鏡』の記事から着目されたものであった。

「武蔵七党」に関して、中小規模の同族的武士団であり、「一族の各家々の力が平均的であり、それぞれ独立しながらも、いわば共和的な団結を維持している武士団をさす」（一三〇頁）と規定されている。その具体的な姿は横山党・猪俣党・児玉党・野与党・村山党・その他の諸党としてまとめていく。そして鎌倉時代の文献には「武蔵の党々」或いは個々の「党」の名称はあるが、「七党」表現は見当たらないことからも、特に七つの党にこだわる必要はないとする。そして『平家物語』諸本における武士の党名との比較から「武蔵七党」の呼称は、南北朝時代以降のものであると指摘する。こうした指摘は現在でも肯定できるものである。

いわゆる「武蔵七党」と武蔵武士団の関係史料は埼玉県刊行『新編埼玉県史資料編』の古代、中世編でほぼ調べることができる。本書の出る直前には、そのうちの『資料編5中世1』（一九八二年）が刊行され、「新編埼玉県史だより」（同）に、先生は「武士団成立期の武蔵国」を執筆されている。恐らく本書の基本構想はこの時期に既に出来上がっていたと考えてよい。

安田先生の武蔵武士団に関する基本的な枠組みは、現在でも通説としての地位を占めている。例えば、関幸彦編『武蔵武士団』（吉川弘文館、二〇一四年）も東遷西遷の武蔵武士の動向と南北朝内乱時期をも見越しつつ、都市化する武蔵武士の遺蹟等を再確認する構成である。また北条氏研究会編『武蔵武士の諸相』（勉誠出版、二〇一七年）も「武蔵武士とは何か」「畠山流の興亡」「武蔵諸氏の動向」「武蔵型板碑と鎌倉街道」「承久の乱と西遷」「武蔵武士と源家」という六部構成で多様な武蔵武士の活動を各論者がまとめている。

「学灯は作るが学閥は作るな」と、安田先生はいつも語られていた。こうした約束事は、上記した著作をみれば果たされていることが良く分かる。興味と関心を同じくする各地の研究者が集い、議論を交わしてまとめ上げているのである。

安田元久先生の本書『武蔵の武士団　その成立と故地をさぐる』は、古くて新しい論点を今でも多く提示してくれるものであり、熟読玩味すべき書と言えるものである。

（特定非営利活動法人・鎌倉考古学研究所理事）

本書の原本は、一九八四年に有隣堂より刊行されました。

著者略歴
一九一八年　広島市に生まれる
一九四七年　東京帝国大学文学部国史学科卒業
北海道大学助教授、学習院大学教授・学長を歴任
一九九六年　没

〔主要著書〕
『地頭及び地頭領主制の研究』（山川出版社、一九六一年）、『源義家』（人物叢書、吉川弘文館、一九六六年）、『院政と平氏』（日本の歴史7、小学館、一九七四年）、『後白河上皇』（人物叢書、吉川弘文館、一九八六年）

読みなおす日本史

武蔵の武士団
その成立と故地を探る

二〇二〇年（令和二）二月一日　第一刷発行

著者　安《やす》田《だ》元《もと》久《ひさ》
発行者　吉川道郎
発行所　株式会社　吉川弘文館
郵便番号一一三―〇〇三三
東京都文京区本郷七丁目二番八号
電話〇三―三八一三―九一五一〈代表〉
振替口座〇〇一〇〇―五―二四四
http://www.yoshikawa-k.co.jp/
組版＝株式会社キャップス
印刷＝藤原印刷株式会社
製本＝ナショナル製本協同組合
装幀＝渡邉雄哉

ISBN978-4-642-07113-0

刊行のことば

現代社会では、膨大な数の新刊図書が日々書店に並んでいます。昨今の電子書籍を含めますと、一人の読者が書名すら目にすることができないほどとなっています。ましてや、数年以前に刊行された本は書店の店頭に並ぶことも少なく、良書でありながらめぐり会うことのできない例は、日常的なことになっています。

人文書、とりわけ小社が専門とする歴史書におきましても、広く学界共通の財産として参照されるべきものとなっているにもかかわらず、その多くが現在では市場に出回らず入手、講読に時間と手間がかかるようになってしまっています。歴史の面白さを伝える図書を、読者の手元に届けることができないことは、歴史書出版の一翼を担う小社としても遺憾とするところです。

そこで、良書の発掘を通して、読者と図書をめぐる豊かな関係に寄与すべく、シリーズ「読みなおす日本史」を刊行いたします。本シリーズは、既刊の日本史関係書のなかから、研究の進展に今も寄与し続けているとともに、現在も広く読者に訴える力を有している良書を精選し順次定期的に刊行するものです。これらの知の文化遺産が、ゆるぎない視点からことの本質を説き続ける、確かな水先案内として迎えられることを切に願ってやみません。

二〇一二年四月

吉川弘文館